| 지은이 | 린다 굿맨 Linda G

1925년 미국의 웨스트버지니   ㅇㅇ인이
자 저널리스트였으며 시인이자   ㅆ습니다. 린다 굿맨은 제2차 세
계대전 동안 〈린다의 러브레터Love Letters from Linda〉라는 유명한 라디오 프로
그램을 진행하면서 명성을 얻기 시작했습니다. 그 이후 미국의 동부와 남동
부 지역 신문에 기고를 하면서 본격적인 저술 활동을 시작하였고, 흑인 인권
운동가이자 미국도시연맹National Urban League의 회장이었던 휘트니 영Whitney
Young의 연설문을 작성하기도 했습니다. 린다 굿맨이 풍부한 임상 경험과 인간
에 대한 깊은 이해를 바탕으로 집필한 『당신의 별자리』는 1968년 출간 이후 공
전의 히트를 기록하였습니다. 천문해석학 분야의 책으로는 처음으로 「뉴욕 타
임스」 베스트셀러 목록에 오르는 쾌거를 이루었고, 1978년 출간된 『사랑의 별
자리Linda Goodman's Love Signs』 또한 「뉴욕 타임스」 베스트셀러 목록에 올랐습
니다. 그녀의 책들은 40여 년이 지난 지금까지 전 세계 독자들의 사랑을 받고
있는 고전이며 베스트셀러입니다. 책 곳곳에는 네 명의 자녀를 둔 어머니로
서 자녀들에게 전해 주고 싶은 아름답고 따뜻한 경험과 지혜가 스며들어 있
습니다. 그녀는 콜로라도 주에 있는 크리플 크리크에서 말년을 보냈으며, 그
녀가 살던 집은 현재 여행자들을 위한 게스트하우스가 되었습니다. 1995년
향년 70세로 생을 마감했습니다.

| 옮긴이 | 이순영

1970년 강릉에서 태어나고 자랐습니다. 한국외국어대학교 영어과를 졸업한 뒤
여러 기업체에서 해외 업무를 담당했습니다. 2009년 도서출판 북극곰을 설립
하여 환경과 영혼의 치유를 주제로 일련의 책들을 꾸준히 발간하고 있으며, 번
역가로도 왕성하게 활동하고 있습니다. 번역서로는 노베르트 로징의 『북극곰』,
마르타 알테스의 『안돼!』, 엠마누엘레 베르토시의 『나비가 되고 싶어』가 있으
며, 린다 굿맨의 『사랑의 별자리』도 곧 아름다운 우리말로 선보일 예정입니다.

당신의 별자리

게자리

당신의 별자리

게자리

2012년 12월 21일 초판 1쇄

지은이 린다 굿맨 ‖ **옮긴이** 이순영

펴낸이 이순영 ‖ **편집** 이루리 ‖ **디자인** 오빛나 ‖ **덕담** 최우근 ‖ **박은곳** 한영문화사

펴낸곳 북극곰 ‖ **주소** 서울시 은평구 진관동 은평뉴타운 우물골 239동 1001호

전화 02-359-5220 ‖ **팩스** 02-359-5221

이메일 bookgoodcome@gmail.com ‖ **홈페이지** www.bookgoodcome.com

블로그 http://blog.naver.com/codathepolar ‖ **페이스북** 도서출판 북극곰

ISBN 978-89-97728-22-0 03180   **값** 9,000원

Linda Goodman's Sun Signs

©1968 by Linda Goodman

Korean translation rights arranged with Taplinger Publishing Co., Inc.

Linda Goodman's Sun Signs

전 세계 1억 독자의 마음을 사로잡은 작가 린다 굿맨
열두 별자리 지구인에 대한 가장 따뜻한 심리학

당신의 별자리

게자리

6. 22 ~ 7. 23

린다 굿맨 지음 | 이순영 옮김

  북극곰

진정으로 지인들을 이해했던 쌍둥이자리 마이크 토드를 위하여

그리고 물고기자리 멜리사 앤과의 약속을 지키기 위해

이리하여 이상한 나라가 생겨났네.
이렇게 서서히 하나씩 하나씩
이상한 사건들이 일어나고
이제 하나의 이야기가 만들어졌네.

감사의 말

나의 벗이자 스승인 처녀자리 천문해석가 로이드 코프의 도움과 조언에 깊이 감사드립니다. 로이드의 격려와 신뢰가 없었다면 이 책은 그저 양자리의 여러 꿈 중 하나로만 남아 있었을 것입니다.

★ 열두 별자리 개요

별자리	상징	기간	지배행성	구성 원소	상태
양자리 *Aries*	♈	3.21 ~ 4.20	화성 *Mars*	불	활동
황소자리 *Taurus*	♉	4.21 ~ 5.21	금성 *Venus*	흙	유지
쌍둥이자리 *Gemini*	♊	5.22 ~ 6.21	수성 *Mercury*	공기	변화
게자리 *Cancer*	♋	6.22 ~ 7.23	달 *Moon*	물	활동
사자자리 *Leo*	♌	7.24 ~ 8.23	태양 *Sun*	불	유지
처녀자리 *Virgo*	♍	8.24 ~ 9.23	수성 *Mercury*	흙	변화
천칭자리 *Libra*	♎	9.24 ~ 10.23	금성 *Venus*	공기	활동
전갈자리 *Scorpio*	♏	10.24 ~ 11.22	명왕성 *Pluto*	물	유지
사수자리 *Sagittarius*	♐	11.23 ~ 12.21	목성 *Jupiter*	불	변화
염소자리 *Capricorn*	♑	12.22 ~ 1.20	토성 *Saturn*	흙	활동
물병자리 *Aquarius*	♒	1.21 ~ 2.19	천왕성 *Uranus*	공기	유지
물고기자리 *Pisces*	♓	2.20 ~ 3.20	해왕성 *Neptune*	물	변화

★ 용어 설명

- **천문해석학**astrology : 인간이 태양과 달을 포함한 행성들의 영향을 받는다는 전제 하에 태어나는 시간과 장소에 따른 행성들의 위치에 근거하여 사람의 성격과 삶에 대하여 풀이하는 학문으로, 일명 점성학이라고 알려져 있음.
- **출생차트**natal chart : 태어나는 시간과 장소에서 본 행성들의 위치.
- **충돌 각도**hard aspect : 출생차트의 행성들이 서로 90도나 180도를 이루고 있는 경우.
- **태양별자리**sun signs : 태어난 시간과 장소에서 볼 때 태양이 위치하고 있는 별자리.
- **달별자리**moon signs : 태어난 시간과 장소에서 볼 때 달이 위치하고 있는 별자리.
- **동쪽별자리**ascendant : 태어난 시간과 장소에서 볼 때 동쪽 지평선에 위치하고 있는 별자리.
- **영역**house : 태어난 시간에 태어난 위치에서 보이는 하늘을 12구역으로 나눈 것으로 인생의 다양한 경험 분야를 의미함.
- **경계선**cusps : 각 영역의 시작점.

★ 별자리(태양별자리)란?

'태양별자리'라는 말은 당신이 만약 쌍둥이자리라면 당신이 태어난 시간에 태양이 쌍둥이자리라 불리는 곳에 위치해 있었고, 그 시기는 대략 5월 22일에서 6월 21일 사이라는 것을 의미합니다. 그 기간은 천문해석학 책에 따라 약간씩 다를 수 있습니다. 실제로 태양별자리가 바뀌는 시점은 정해져 있지 않습니다. 자정에 바뀐다고 가정하면 매우 간단한 일이지만 실제로는 그 시간이 하루 중 언제가 될지 알 수 없답니다. 예를 들어, 지난 몇십 년 동안은 양자리가 황소자리로 바뀌는 날은 4월 20일이었습니다. 그러니 4월 20일은 때에 따라 양자리가 될 수도 있고 황소자리가 될 수도 있는 것입니다. 출생차트를 뽑아 보지 않으면 사실은 양자리인 당신이 평생 황소자리라고 잘못 알고 살 수도 있는 것입니다. 어떤 별자리가 시작하는 날이나 끝나는 날에 태어난 사람이라면 정확한 출생 시간과 출생 장소(위도 및 경도)를 알고 있어야만 어떤 별자리인지 정확하게 알 수 있습니다.

※ 이 책에 인용된 시들은 모두 루이스 캐럴의 작품에서 빌어 왔음을 밝혀 둡니다.

　한국어판에서는 비룡소에서 출판한 『이상한 나라의 앨리스』와 『거울나라의 앨리스』를 참조하였습니다.

※ 개인의 출생차트는 윈스타winstar 프로그램이나 http://www.astro.com 등을 이용하여 볼 수 있습니다.

※ 이 책의 각주는 모두 역자가 단 것입니다.

목차

태양별자리를 어떻게 이해할 것인가

오래 전 이야기가 시작되었으니
여름의 태양이 그 빛을 발하고 있을 때
우리가 노 젓는 박자에 맞추어
울려 퍼지던 단아한 종소리

언젠가 당신은 출생차트의 상세한 내용을 알고 싶어질 때가 올 겁니다. 하지만 출생차트를 이해하려면 우선 무엇보다도 태양별자리를 이해해야 합니다. 우리는 잡지나 신문에서 단순히 열두 가지로 분류된 별자리 운세를 흔히 볼 수 있습니다. 그런데 별자리 운세를 읽는 것과 개개인의 태양별자리를 이해하는 것을 혼동하지 않았으면 합니다. 별자리 운세는 대체로 아주 그럴듯한 내용으로 당신의 관심을 끌지는 몰라도 오류가 전혀 없다고 할 수는 없습니다. 당신의 성격과 에너지를 전문적이고도 정확하게 분석하려면 당신이 태어난 정확한 날짜와 시간에 근거한 출생차트가 필요합니다.

하지만 이런 별자리 운세를 '누구에게나 해당하는 뻔하고 일반적인 내용을 모아놓은 잡동사니'로 치부해 버리는 경향도 경계해야 합니다. 이 또한 사실이 아니니까요. 그러한 예언(암시라는 말이 더 적합하겠지만)은 황소자리나 물고기자리 또는 처녀자리에게 각각 적용되는 것이지 열두 별자리 모두에게 마구잡이식으로 적용되는 이야기는 아닙니다. 별자리 운세는 실력 있는 전문가들이 출생차트의 태양별자리를 비롯하여 그 시기에 하늘에서 움직이는 여러 행성들 사이의 각도를 수학적으로 계산하여 작성하므로 어느 정도까지는 예측이 가능합니다. 그러나 중요한 것은 그러한 예측들이 개개인의 출생차트에 있는 태양별자리와 여덟 개의 행성 및 달의 각도를 정확하게 반영하지 않기 때문에 개인별로 완벽하게 맞아떨어지지는 않는다는 것입니다. 이러한 결함을 감안하고 본다면 별자리 운세는 흥미롭고 도움이 될 만한 정보입니다.

태양은 모든 별 중에서도 가장 강력한 별입니다. 태양은 인간의 성격에 지대한 영향력을 미치기 때문에 태양별자리에 대한 해석만으로도 그날 태어난 개인에 대해서 놀라울 정도로 정확하게 설명할 수 있습니다. 태양의 전자기 파장(현재의 연구조사 수준에서는 이렇게밖에 표현할 수 없습니다.)은 우리가 인생을 살아가면서 태양별자리의 기질을 지속적으로 발현해 나갈 수 있도록 해 줍니다. 태양별자리가 인간의 행동과 특징을 분석하는 데 사용하는 유일한 요소는 아니지만, 상당히 중요한 의미를 차지하고 있습니다.

어떤 천문해석가는 태양별자리를 다루는 책들이 민족별·직업별 특징을 무시하고 인간의 특징을 일반화했다고 주장하기도 합니다. 그러한 생각에 대해 이해는 하지만 동의할 수는 없습니다. 물론 태양별자리를 잘못된 태도로 사용한다면 사람들을 호도하기 쉽다는 것은 사실입니다. 하지만 분명한 것은 출생차트 없이 태양별자리를 해석하는 것만으로 탁월하게 인간을 분석하고 본성을 이해할 수 있다는 사실입니다.

개인의 태양별자리는 대략 80퍼센트 정도 정확하며 가끔은 90퍼센트까지도 정확한 경우가 있습니다. 이 정도라면 아무것도 모르는 것보다는 훨씬 낫지 않을까요? 물론 나머지 10~20퍼센트도 매우 중요하므로 무시할 수는 없습니다. 하지만 우리가 한 사람의 태양별자리를 안다면 이미 기본적인 정보들을 얻게 되는 것입니다. 태양별자리에 관한 지식을 신중하게 적용한다면 위험성은 전혀 없다고 할 수 있습니다. 우리가 나머지 10~20퍼센트로 인해 잘못된 정보를 얻을 수도 있다는 점을 유념한다면 자신 있게 태양별자리를 해석할 수 있습니다.

그렇다면 태양별자리란 무엇일까요? 태양별자리란 당신이 태어나서 첫 숨을 들이쉬던 그 순간 태양이 있던 특정한 위치, 즉 양자리·황소자리·쌍둥이자리 등을 말합니다. 이는 천문학자들이 계산해 놓은 천문력 ephemeris에 따라 추출해 낸 정확한 위치를 의미합니다. 일러두기에서 밝힌 바와 같이 어떤 태양별자리가 시작하는 날이나 끝나는 날에 태어난 사람의 경우에는 정확한 출생 시간과 출생 장소의 위도 및 경도를 알아야만 어떤 태양별자리에 해당하는지 정확하게 알 수 있습니다. 다시 말해 이 책을 포함하여 모든 천문해석학 책에서 태양별자리가 시작하는 날과 끝나는 날은 대략적인 날짜라는 점을 반드시 기억해 주길 바랍니다. 이 시작하는 날과 끝나는 날을 경계선이라고 하는데, 이 경계선은 다소 혼란스러운 부분이 있습니다. 어떤 천문해석가는 이 기간을 조금 더 길게 보는 경우도 있지만, 어쨌거나 초보자는 헷갈릴 수밖에 없습니다. 그러나 당신이 태어난 날의 태양별자리가 쌍둥이자리라면 아무리 그 날짜가 경계선에 가깝다고 하더라도 쌍둥이자리라고 보아야 합니다. 쌍둥이자리 앞 별자리나 그 다음 별자리의 영향력을 무시할 수는 없지만, 그렇다고 해서 당신을 황소자리나 게자리로 바꿀 정도로 쌍둥이자리의 특성이 가려지지는 않습니다. 특정 별자리에 위치하고 있는 태양의 광채를 약화시킬 수 있는 것은 아무것도 없으며, 경계선 상에 태어난 경우 생기는 약간의 변수조차도 태양별자리의 특성을 완전히 바꿀 만큼 강력하지는 않습니다. 당신이 태어난 시간이 경계선에 해당하는지 정확하게 확인하고, 그런 경우라면 약간은 참작하되 그 다음에는 그 사실을 잊어버려도 괜찮습니다.

출생차트란 무엇일까요? 출생차트란 당신이 태어나던 순간에 하늘에 있던 모든 행성들의 위치를 마치 사진을 찍듯이 정확한 수학 계산에 따라 재구성한 지도라고 이해하면 좋습니다. 발광체인 태양과 달을 비롯하여 여덟 개의 행성이 있으며, 당신이 태어나던 순간에 위치한 12개의 별자리와 10개의 별들이 서로 맺고 있는 각도 및 위치가 당신의 삶에 영향을 미치게 됩니다.

예를 들어 당신이 6월 9일에 태어났다면, 태양이 쌍둥이자리에 위치하므로 쌍둥이자리이며 쌍둥이자리 특성 열 가지 중 대략 여덟 가지를 띠게 될 것입니다. 하지만 감정을 주관하는 달이 양자리에 위치한다면 당신의 감정적인 태도는 양자리의 특성이 나타납니다. 지성을 주관하는 수성이 전갈자리에 있다면 당신의 지적 처리 과정은 종종 전갈자리 특성을 나타내며, 언행을 관장하는 화성이 황소자리에 있다면 당신은 황소자리처럼 느리게 말하는 경향이 있을 것입니다. 또한 금성이 염소자리에 있다면 사랑을 비롯한 예술적이고 창조적인 일에서 염소자리와 같은 태도를 보일 것입니다. 그러나 이런 모든 행성들의 위치로 인한 특성도 태양별자리인 쌍둥이자리의 기본적인 특성을 완전히 없앨 수는 없습니다. 다른 행성들의 위치는 당신이 지닌 복잡한 성격에서 나오는 다양한 모습을 다듬어 주는 역할을 할 뿐이랍니다.

당신을 완벽하게 이해하기 위해서는 다른 요소들도 고려해 보아야 합니다. 먼저 당신이 태어난 시간에 여덟 개의 행성과 두 개의 발광체인 태양과 달이 어떤 각도를 맺고 있는지 살펴보아야 합니다. 그 각도에 따라서 해당 별자리의 영향력이 결정됩니다. 하지만 가장 중요한 것은 당신의 동쪽별자리와 동쪽별자리가 태양과 달 그리고 다른 행성들과 맺고 있는 각도입니다. 동쪽별자리는 상승점ascendant 또는 일출점rising이라고도 하는데 당신이 태어난 순간 동쪽 지평선에 있던 별자리를 의미합니다. 동쪽별자리는 신체적인 겉모습에 상당한 영향을 미치고,(물론 태양별자리도 겉모습에 많은 영향을 줍니다.) 태양별자리가 표현하는 지향성의 토대가 되며 당신의 진정한 내면을 구성합니다. 예를 들어 쌍둥이자리인 당신의 동쪽별자리가 물병자리라면 당신은 상당 부분 물병자리 성향을 띠기 때문에, 쌍둥이자리 특성 중에서 당신에게 있을 법한 특이한 성격이나 은밀한 욕망이 잘 드러나지 않는 이유가 궁금해질 것입니다. 모든 출생차트에서 태양별자리 다음으로 중요한 두 가지 요소는 바로 동쪽별자리와 달별자리입니다.

동쪽별자리를 알고 나서 태양별자리와 함께 차트를 해석하면 매우 흥미로운 사실을 깨닫게 됩니다. 바로 자신의 전체적인 성격에 대해 놀라울 정도로 정확하게 설명할 수 있다는 사실입니다. 여기에 세 번째 요소인 달별자리까지 고려해서 해석하면 당신의 성격에 대해 훨씬 더 정교한 그림을 얻게 됩니다.

다음으로 각 영역의 별자리도 고려해야 합니다. 영역은 출생차트에서 수학적으로 계산된 위치로, 당신의 다양한 삶의 분야에 영향을 미칩니다. 모두 열두 개가 있으며 각 영역마다 하나의 별자리가 할당됩니다. 첫 번째 영역은 항상 동쪽별자리의 지배를 받고, 나머지 열한 개는 시계 반대 방향으로 순서대로 위치하면서 열두 별자리를 완성합니다. 천문해석가는 당신이 태어난 정확한 시간과 장소에 근거하여 출생차트를 뽑고, 열두 개 영역에 해당하는 각 별자리들의 의미를 해석하고, 또한 각 영역에 들어가 있는 행성들의 의미를 고려합니다. 앞서 설명한 모든 요소들을 섞어서 당신의 성격, 잠재력, 그리고 과거의 과오와 미래의 가능성을 분석하는 것이 바로 종합적인 천문해석 기술입니다. 이것이 바로 천문해석가들의 시간과 노력 그리고 지식이 필요한 부분입니다. 차트를 계산하는 것 자체는 특정 수학 공식만 적용하면 상대적으로 간단하게 끝나는 일입니다.(최근에는 태어난 날짜, 시간, 장소를 입력하면 간편하게 출생차트를 볼 수 있는 별자리 프로그램이 다양하게 개발되어 있습니다.-역자)

하지만 우리는 결국 이 책에서 주로 다루는 태양별자리 이야기로 돌아갈 수밖에 없습니다. 어떤 면에서는 당신이 쌍둥이자리라고 하는 것은 당신이 뉴욕 출신이라고 말하는 것과 같은 맥락이라고 할 수 있는데 이것이 지나친 일반화는 아니기 때문입니다. 당신의 별자리를 알아내는 일보다 뉴욕 어느 바에서 텍사스 출신을 찾거나 텍사스 어느 식당에서 뉴요커를 찾아내는 일이 더 쉽지 않을까요? 조지 왕조 시대*의 정치가와 시카고 산업

* 조지 왕조 시대(Georgian era, 1714~1830): 조지1세~조지4세가 재위했던 영국의 중기와 후기 르네상스 시대.

시대의 사업가 사이에는 상당한 차이가 있지 않을까요? 당연히 매우 분명한 차이가 있습니다.

당신이 텍사스 출신이며 업무상 회의에 곧 참석할 어떤 사람에 대해 얘기하는 중이라고 가정해 봅시다. 누군가 "그 사람 뉴요커야."라고 말하면 즉각적으로 어떤 이미지가 떠오를 것입니다. 텍사스 사람보다는 말이 빠르고 짧을 것이며, 인간 관계에서도 텍사스 사람보다는 덜 따뜻할 것이고, 인사치레 없이 곧바로 사업 이야기로 들어갈 것입니다. 또한 서둘러 계약서에 서명하고 바로 동부로 날아가는 비행기에 몸을 실을지도 모릅니다. 섬세한 구석이 있을 것이고, 정치적인 면에서는 텍사스 사람보다 더 자유분방할 것입니다. 그렇다면 왜 이러한 순간적인 인상이 상당히 맞아떨어지는 것일까요? 왜냐하면 뉴욕 사람들은 빠르게 돌아가는 도시에 살고 있기 때문에 느리게 행동했다가는 지하철에서 자리도 못 잡고 비 오는 날 택시도 못 잡기 때문이지요. 어쩌면 계속해서 어깨나 팔꿈치를 문질러 대는 통에 품위 없어 보일 수도 있으며, 최신 연극도 보고 최고의 박물관에도 가 봤을 테니 당연히 취향이 세련될 것입니다. 높은 범죄율과 복잡한 도시 생활로 인해 텍사스 사람만큼 가까운 이웃들에게 따뜻한 관심을 가질 리가 없으니 그의 성격이 다소 냉랭할 거라고 추측할 수 있습니다.

물론 뉴요커 중에 느리게 말하는 황소자리도 있고 천천히 움직이는 염소자리도 있겠지만, 텍사스에 사는 황소자리나 염소자리처럼 느리지는 않을 것입니다. 그렇지 않을까요? 또는 아무리 빨리 말하고 행동하는 쌍둥이자리라 할지라도 텍사스에 사는 쌍둥이자리가 뉴욕에 사는 쌍둥이자리만큼 빠르지는 않을 것입니다. 모든 것이 상대적이랍니다.

자, 그럼 그 사람이 뉴욕에 산다고 칩시다. 그리고 이제 이탈리아 출신이라는 사실도 알아냈다고 가정해 봅시다. 다른 이미지가 그려집니다. 여기에 그가 텔레비전 방송작가라고 한다면 또다른 이미지가 떠오릅니다. 게다가 결혼했고 자녀가 여섯 명이라고 하면 이젠 완전히 새로운 그림이 나타납니다. 그러므로 (비록 이것이 유추이고 모든 유추가 불완전하기는 하지만) 그가 뉴요커라고 말하는 것은 그가 쌍둥이자리라고 말하는 것과 유사하고, 다른 정보들은 그의 달별자리가 처녀자리이고 동쪽별자리가 전갈자리라는 것과 상응합니다. 하지만 추가 정보 없이 그가 뉴욕에 산다는 사실 하나만으로도, 그가 어느 도시 출신인지 모를 때보다는 훨씬 나은 상황에 있는 것이지요. 같은 방식으로 출생차트 없이 어떤 사람이 쌍둥이자리인지 사자자리인지 아는 것만으로도 불같은 성격의 사수자리를 대하고 있는지 현실적인 황소자리를 대하고 있는지 전혀 모를 때보다는 그 사람에 대해 많은 정보를 갖고 있는 셈입니다.

상세한 출생차트는 사람의 성격에 대해 보다 자세한 내용을 명확하게 드러내 줍니다. 출생차트를 보면 그의 삶 속에 녹아 있는 약물 중독, 자유분방한 성행위, 불감증, 동성애, 일부다처제, 정서장애, 가족으로부터의 소외, 또는 가족에 대한 집착, 숨겨진 재능, 경력 또는 부자가 될 수 있는 잠재성 등에 대해 두드러진 경향을 알 수 있습니다. 또한 정직과 부정직, 잔인함, 폭력, 두려움, 공포와 정신적 능력에 대한 경향도 분명하게 보여 줍니다. 이와 더불어 인생의 시기에 따라 일시적으로 두드러지는 성향도 잘 보여 줍니다. 뿐만 아니라 사고나 질병에 대한 민감함이나 면역력도 나타나고, 알코올, 섹스,

일, 종교, 자녀, 로맨스 등에 대한 숨겨진 태도 또한 드러나는 등 그 리스트는 무궁무진합니다. 정확하게 계산된 출생차트에 비밀이란 있을 수 없습니다. 개인의 자유의지가 경험하고자 하는 본인의 결정을 제외하고는 말이지요.

그러나 이렇게 완벽하게 분석하지 않더라도 누구나 태양별자리에 대한 이해만으로도 얻는 지식이 있으며, 태양별자리에 대한 지식은 우리가 서로에게 보다 더 관대할 수 있도록 해 줍니다. 상대방의 태도가 인간의 본성에 얼마나 깊이 뿌리 내리고 있는지 이해하고 나면, 당신은 그들의 행동에 대해 보다 더 동정심을 느끼게 됩니다. 태양별자리를 알고 나면, 냉정하고 균형 잡힌 전갈자리 부모가 보기에 불안하고 안절부절못하는 쌍둥이자리 아이가 실제로는 민첩하고 영리한 아이라는 사실을 깨닫고 인내심을 갖게 됩니다. 외향적인 학생은 내성적인 교사를 이해하게 되며 외향적인 교사는 내성적인 학생을 이해하게 됩니다. 처녀자리가 모든 머리카락을 한 올 한 올 가지런히 정리해야 하고 문제들을 철저히 조사하며 해결하기 위해 태어났다는 점을 이해하면 그들의 까다로움도 참을 수 있게 됩니다. 너무 바빠서 감사할 이유를 찾지 못하고 어디로 가고 있는지 알아채지 못하며 남의 발을 밟고 서 있어도 알아차리지 못하는 사수자리의 경솔함은 말할 것도 없습니다. 사수자리가 어떤 희생을 치르더라도 진실을 말할 수밖에 없는 사람이라는 사실을 알게 되면 그들의 솔직함에 상처를 덜 받게 됩니다.

염소자리 친구가 당신이 건넨 선물에 일언반구의 감탄사도 내뱉지 않아도 당신은 심하게 상처받지 않을 것입니다. 염소자리는 마음속으로 깊이 고마워해도 그 기쁨을 공개적으로 표현할 줄 모르는 사람들이라는 것을 알고 있으니까요. 염소자리가 타인에게뿐 아니라 스스로에게도 엄격한 원칙을 들이대는 사람들이라는 것을 알면, 의무를 강조하는 그들의 고집 때문에 덜 속상해하게 됩니다. 천칭자리의 끝없는 논쟁과 우유부단함도 단지 공정하고 공평한 결정을 내리기 위해 애쓰는 그들 태양별자리의 특징이라는 것을 알고 나면 보다 더 참을 만합니다. 물병자리가 당신의 사생활을 캐려고 할 때도 그들이 인간의 내적 동기를 조사해 보고 싶은 충동을 주체

할 수 없는 사람이라는 점을 떠올려 보면 그다지 무례하다는 생각은 들지 않을 것입니다.

아주 간혹, 태양별자리는 사자자리인데 행성 대여섯 개가 물고기자리인 사람도 있습니다. 물고기자리의 영향으로 인해 사자자리 특성이 매우 억제되므로 도무지 그의 태양별자리를 추측하기 어려울 수도 있습니다. 하지만 이런 경우는 아주 드물며, 당신이 열두 개 별자리 특성을 모두 잘 알고 있다면 그 사람은 자신의 진정한 본성을 영원히 감출 수 없을 것입니다. 물고기가 아무리 사자를 숨기려고 해도 사자자리 태양별자리는 절대로 완전하게 가려질 수 없으며, 당신은 그 사람이 부지불식간에 드러내는 사자자리 특성을 잡아 낼 수 있을 것입니다.

태양별자리를 파악하려고 할 때 표면만을 대충 보고 판단하는 실수를 절대로 범해서는 안 됩니다. 염소자리라고 해서 모두 온순한 것은 아니고, 사자자리라고 해서 모두 외견상으로 타인을 지배하려고 하지도 않을 뿐더러 처녀자리라고 해서 모두 처녀는 아닙니다. 가끔 예금 통장을 여러 개 가지고 있는 양자리도 있고, 조용한 쌍둥이자리도 있으며, 심지어 실용적인 물고기자리도 있습니다. 당신의 눈을 사로잡는 한두 가지 특징 그 이상을 보아야 합니다. 화려하게 치장한 염소자리가 사교계 명사들의 인명록을 힐끔거리는 순간을 포착해야 하고, 수줍은 사자자리가 자신의 허영심이 무시당했을 때 입을 삐죽거리는 모습도 볼 수 있어야 합니다. 드물게는 경박한 처녀자리가 단지 싸다는 이유만으로 살충제를 한 상자나 사는 장면도 목격하게 될 것입니다. 조용한 쌍둥이자리여서 말은 빠르지 않을 수 있지만 머리는 제트기 같은 속도로 회전하고 있을 수도 있고, 예외적으로 검소한 양자리라도 은행에 갈 때는 선홍색 코트를 입고 불친절한 은행원에게 말대꾸를 할 수도 있습니다. 그리고 아무리 실용적인 물고기자리라도 시를 쓰거나 추수감사절 때마다 여섯 명의 고아를 초대하기도 할 것입니다. 눈을 크게 뜨고 잘 보면 어떤 별자리도 자신을 온전히 감출 수 없습니다. 심지어 애완동물도 태양별자리의 특징을 여과 없이 보여 준답니다. 처녀자리 고양이의 밥그릇을 낯선 곳에 옮겨 놓거나 사사사리 강아지를 무시하는 일이 없기를 바랍니다.

유명 인사나 정치인, 문학 작품 속의 주인공들을 대

상으로 별자리를 맞혀 보는 것도 재미있습니다. 그들의 별자리가 무엇인지 추측해 보거나 그들이 어떤 별자리 특징을 대변하고 있는지 짐작해 보세요. 이런 작업을 통해 당신의 천문해석학적인 재치는 더욱 예리해질 것입니다. 만화책의 주인공들도 시도해 볼 만한 대상들입니다. 찰리 브라운은 분명히 천칭자리일 것이며, 루시의 경우에는 동쪽별자리는 양자리이고 달별자리는 처녀자리에 태양별자리가 사수자리일 확률이 높습니다. 스누피는 누가 봐도 물병자리 개입니다. 희한한 스카프를 두르는가 하면 제1차 세계대전 당시의 비행기 조종사 헬멧을 쓰고 개집 위에서 붉은 남작*에 대한 상상의 나래를 펼치고 있는 걸 보면 틀림없습니다.(또한 해왕성과 충돌 각도를 맺고 있을 것입니다.) 이런 식으로 직접 누군가의 별자리를 생각해 보면 그 재미가 제법 쏠쏠합니다. 하지만 이보다 더 중요한 것은 태양별자리 맞히기 게임을 할 때 매우 진지하고도 유용한 것을 배우게 된다는 점입니다. 사람

---

* 붉은 남작(Red Baron): 제1차 세계대전 당시 전투기 80여 대를 격추한 독일 공군의 에이스 리히트호펜(Richthofen, 1892~1918)의 닉네임이다.

들의 숨겨진 꿈과 비밀스러운 소망과 참된 성격을 어떻게 인식할 것이며, 그들을 좋아하는 법과 그들이 당신을 좋아하게 만드는 법 그리고 당신이 알고 있는 그들을 제대로 이해하는 법을 터득하게 될 것입니다. 당신이 그들 마음속에 숨어 있는 무지개를 찾아 나설 때, 세상이 더 행복해지고 사람들이 더 멋져 보이게 됩니다.

인생에서 가장 중요한 부분은 타인을 제대로 이해하는 것 아닐까요? 링컨 대통령이 이런 점에 대해 아주 간단하고 명백하게 말한 적이 있습니다.

"문명의 가장 중요한 기능은 서로 익숙하지 않은 사람들 사이에서 의도하지 않은 적대 관계로 인해 발생하는 크고 작은 인간의 사악함을, 국가적으로 또는 개인적으로 바로잡는 것이다."

지금 당장 태양별자리 공부를 시작하고 터득한 내용을 신중하게 적용해 보세요. 당신이 사람들 본연의 모습을 하나씩 벗겨 낼 때마다 사람들은 당신에게 어떻게 그런 새로운 통찰력이 생겼는지 궁금해할 것입니다. 실제로 열두 개 태양별자리를 이해하는 것만으로도 당신의 삶을 바꿀 수 있습니다. 당신은 지금 단 한 번도 마주친 적이 없는 미지의 사람들을 이해하기 위한 여정을 시작하려고 합니다. 하지만 머지않아 당신은 친구들은 물론이고 낯선 이들도 더 가깝게 느끼게 될 것입니다. 정말로 멋진 일 아닌가요?

당신을 알게 되어 행복합니다.

린다 굿맨

게자리

Cancer, the Crab

6월 22일부터 7월 23일까지

지배행성 - 달

그는 램프 주변에 알바트로스새가
퍼덕이고 있다고 생각했다.
하지만 다시 쳐다보았더니 그건 새가 아니라 우표였다.

"집에 가는 게 좋아. 밤에는 공기가 아주 눅눅하거든."

게자리를 알아보는 방법

"알아듣게 설명할 수가 없어요.
아시다시피 저는 지금 제가 아니거든요."

"오, 내 털과 수염아!"
"바로 이것 때문이야!
이것들이 내 영혼을 억압하고 있는 거야!"

게자리를 만나기에 가장 좋은 순간은 달빛 찬란한 밤입니다. 밤이 되면 그들을 더 쉽게 알아볼 수 있습니다. 상상의 날개로 아름답게 치장하고 꿈속을 거닐지요. 달빛이 제 몸을 흩트려 게자리로 변신합니다. 달은 게자리의 다양한 기분과 함께 하며, 시시각각 변하는 감정과 잘 어울립니다.

어느 달 밝은 밤에 한적한 시골에서 달을 쳐다보는

것만으로도 게자리의 성향을 이해할 수 있는 단서를 많이 얻을 수 있습니다. 도시에서야 매연 때문에 달을 제대로 보기 힘들지만, 음력을 보면 언제든지 달의 상태를 알 수 있지요. 무엇보다도 달이 늘 모습을 바꾼다는 사실에 주목하시기 바랍니다. 달은 점점 동그랗게 차오르면서 그 빛을 더해 가고 마침내 보름달이 되지요. 그러고는 점점 가늘어지다가 나중에는 희미한 은빛만을 남긴 채 거의 아무것도 보이지 않게 됩니다.

게자리의 기분은, 밀물과 썰물이 달의 영향을 받듯이, 달의 움직임에 화답하며 함께 변합니다. 하지만 달이 실제로 모습을 바꾸는 것이 아니라 우리 눈에 그렇게 보일 뿐이지요. 이와 마찬가지로 비록 게자리의 기분이 수시로 바뀔지라도 여전히 같은 사람입니다. 이러한 주기성(변화 속의 항상성)을 이해하고 그 사람이 지금 어느 시기에 있는지 파악한다면, 게자리를 좀 더 쉽게 알아볼 수 있을 것입니다.

그 사람을 처음 만났을 때 특유의 '광기 어린 웃음'을 보게 될지도 모릅니다. 그 웃음은 피할 수 없는 전염성이 있답니다. 깊고 쉰 목소리로 낮게 웃어 대는데, 처음에는 피식거리며 웃음을 흘리다가 또 깔깔거리기도 하고, 나중에는 암탉 200마리가 한꺼번에 알을 낳는 소리처럼 크게 낄낄거리기도 합니다. 게자리가 '인생은 파티의 연속이구나.'라는 기분일 때에는 그 사람을 알아보기가 매우 쉽습니다. 게자리는 그 자리에 있는 사람들 중에서 가장 재미있는 사람이어서 1분에 한 번씩 웃음을 터트립니다. 자기가 직접 웃고 있지 않으면 다른 사람의 재미있는 행동을 보면서 웃고 있을 것입니다. 게자리만큼 농담을 좋아하는 사람도 없습니다. 평상시의 조용하고 부드러운 성격과는 전혀 딴판으로 농담을 해대면, 사람들은 게자리에게 그런 면이 있다는 사실에 그저 놀라워할 따름이지요. 게자리의 유머에는 깊이가 있습니다. 인간 행동에 대한 예민한 관찰에서 나온 게자리의 유머는 절대로 가볍거나 피상적이지 않습니다. 게자리가 '광기 어린 웃음'을 매일 터트리지는 않지만, 언제라도 오랫동안 묵혀 둔 농익은 농담 중에서 하나를 꺼내사람들을 즐겁게 해 줄 수 있답니다.

　게자리는 외향적인 사자자리나 광대 같은 사수자리처럼 주목받고 싶어 하지는 않습니다. 하지만 게자리는 언론의 주목을 끄는 데에 놀라운 감각을 지니고 있으며, 일단 주목을 끌게 되면 스스로 매우 즐거워합니다. 드러나게 잘난 체하지 않는다고 해서 오해하면 안 됩니다. 게자리는 내심 사람들의 관심을 즐기고, 언론에 노출되는 것을 매우 즐거워합니다. 명성을 얻으려고 노력하는 게자리는 볼 수 없지만(게자리는 그 어떤 것에도 진정한 열정을 바치지 않습니다.) 명성을 외면하는 게자리도 보기 힘듭니다. 명성을 피해 도망가기보다는 갈채와 환호를 즐기는 편이지요. 게자리는 무언가를 피해 숨어 버릴 때가 많지만, 찬사를 피해서 숨지는 않습니다.

감기에 쉽게 걸리는 사람이라면 게자리를 만날 때 유의해야 합니다. 우울한 기분에 빠져 있는 게자리의 그 축축함을 마주할 때에는 반드시 비옷을 입어야 합니다. 그러지 않으면 젖은 담요를 두른 것처럼 추위에 떨게 될 것입니다. 게자리는 당신을 바다의 심연보다도 깊은 우울함에 빠지게 할 수 있습니다. 게자리는 기상천외한 유머 감각으로 잘 위장하고 있지만 그 안에는 잠재된 두려움이 똬리를 틀고 있습니다. 낮이든 밤이든 막연한 불안감이 늘 어둠 속에 도사리고 있습니다. 비관주의도

늘 곁에 두고 삽니다. 환상적인 밤을 즐기다가도 언제든지 분위기를 망칠 수 있는 조건이 구비되어 있는 셈이죠. 게자리는 자기를 불안하게 만드는 마음의 소리를 무시하는 법을 배워야 합니다. 우주에서 길을 잃고 영원히 헤매게 될 거라는 불안을 떨쳐버릴 수만 있다면, 섬세한 상상력을 엔진 삼아 환상적인 우주 여행을 할 수도 있습니다. 하지만 두려움은 높이 날고자 하는 게자리에게 늘 '아킬레스건' 같은 존재입니다.

　　게자리는 절대로 악어의 눈물을 흘리지 않습니다. 게자리의 눈물은 연약하고 상처받기 쉬운 마음속 깊은 곳에서 흘러나오는 강물과도 같습니다. 매서운 눈빛이나 거친 말투만으로도 게자리의 예민한 감정에 상처를 줄 수 있습니다. 게자리는 상대방이 차갑게 행동하면 눈물을 짓거나 한 발 물러나기도 합니다.(게자리는 특이하게 열병보다는 추위 때문에 더 고생하는 경향이 있습니다). 하지만 이런 상태에 있는 게자리를 만나기는 쉽지 않은데, 그때는 이미 게자리가 원망에 차 침묵 속으로 몸을 숨겼기 때문입니다. 가끔은 보복을 할 수도 있지만, 복수의 화신인 전갈자리처럼 공개적으로 하는 경우는 거의 없고 주로 은밀하게 진행합니다. 그리고 대부분은 앙갚음을 하지 않고 돌아서서, 단단한 껍질 속으로 몸을 숨기지요. 게자리가 상처를 받으면, 몇 날 며칠을 날카로운 막대기로 찔러도 결코 모습을 드러내지 않습니다. 전화를 해도, 초인종을 눌러도, 이메일을 보내도 답이 없습니다. 불안과 좌절, 슬픔에 빠져 있을 때 게자리는 도피해서 혼자 있으려고 합니다. 진짜 게처럼 행동하죠.

게자리가 가지고 있는 또다른 성향은 괴팍함입니다. 몇 시인지 물어보는데 짜증을 낸다거나, 소금 통을 좀 건네 달라고 하는데 마구 화를 내는 사람이 있다면, 아마도 세상을 미워하는 괴팍한 마법에 걸린 게자리일 것입니다. 그 사람은 당신에게 화가 난 것이 아닙니다. 자기 삶에 실망한 것이죠. 달이 모습을 바꾸면 그 사람도 원래의 사랑스럽고 부드러우며 이해심 많은 모습으로 돌아올 것입니다. 당신은 신문에서 게자리 운세를 살펴보거나 아니면 다시 밀물이 들어올 때까지 기다려야 합니다.

외모로 볼 때 게자리는 두 가지 유형으로 구분됩니다. 첫 번째 타입은 잘생기고 둥근 얼굴에, 부드러운 피

부와, 크게 웃는 입과, 보름달처럼 동그란 눈과, 앳된 얼굴을 하고 있습니다. 보름달을 떠올리면 완벽합니다. 두 번째는 보다 일반적인 타입입니다. 얼굴이 게의 모습과 닮아서 바로 알아차릴 수 있습니다. 두상이 상당히 크고 이마가 튀어나와 있으며 광대뼈도 돌출되어 있습니다. 이마에는 늘 주름이 잡혀 있는데, 이상하게도 공격적인 느낌은 없고 오히려 재미있어 보입니다. 아래턱이 두드러지고 치아가 돌출되거나 고르지 못한 편입니다. 눈은 작고 주로 미간이 넓습니다. 가끔은 달의 얼굴과 게의 얼굴을 함께 가지고 있는 게자리를 볼 수 있는데, 각각의 모습이 워낙 독특해서 게자리라는 것을 쉽게 알아차릴 수 있습니다. 확실히 통통한 사람도 있지만, 대부분은 골격이 뚜렷한 체형을 하고 있습니다. 몸의 전체적인 비율로 따졌을 때 팔다리가 유난히 긴 편입니다. 어깨는 평균보다 넓은 편이고, 손발이 너무 작거나 반대로 상당히 큰 경우가 있습니다. 대부분의 게자리는 상체가 좀 뚱뚱한 편이며, 걸을 때 약간 뒤뚱거리는 경향이 있습니다. 통통하든 아니든 간에 여성의 경우에는 하의보다는 상의 사이즈가 더 클 것입니다. 아니면 반대로 가슴이

빈약한 경우도 있습니다. 어쨌거나 이런 특징들이 매우 뚜렷하게 나타납니다. 게자리 여성의 경우에는 그 중간이 거의 없답니다.

게자리는 표현력이 매우 뛰어납니다. 대화를 나누는 동안 얼굴에 천 가지 표정이 재빨리 스쳐 지나갑니다. 미친 듯이 깔깔거리다가도 갑자기 슬퍼져서 울다가, 가끔은 짜증스럽게 딱딱거리다가도 상처를 주면 숨어 버리는 사람이 주변에 있나요? 하지만 평상시에는 섬세하게 당신을 배려하면서 부드럽게 대해 주나요? 좀 거칠기는 하지만 친절하고 창조적인 사람, 깊은 상상력의 샘에서 재미난 대화를 퍼 올리는 사람이라면 바로 게자리일 것입니다.

게자리는 생각과 감정을 마음의 스크린에 잘 투사합니다. 게자리의 감성과 기분은 전도율이 높아서 당신에게도 잘 전달됩니다. 그들의 상상력은 즐거움과 절망, 공포와 연민, 슬픔과 환희를 모두 잡아내고, 이 모든 감정에 순식간에 사로잡히고는 그 경험을 잘 잊지 않는 편입니다. 거울과 사진기처럼 게자리는 이미지를 흡수하고 그대로 반영합니다.

게자리는 이런 저런 경험을 사진처럼 마음속에 오롯이 새깁니다. 삶이 가르쳐 주는 교훈을 절대로 잊지 않으며, 역사가 인류에게 남긴 교훈도 절대 잊지 않습니다. 게자리는 일반적으로 과거를 되새기며 진심에서 우러나는 애국심을 지니고 있습니다. 역사적인 인물에 대해서는 자기의 조상처럼 관심을 가집니다. 종종 골동품이나 오래된 보물, 조상의 유물을 모으며 과거에 대한 끝없는 호기심을 가지고 있습니다. 게자리는 정신적 고고학자라서 항상 흥미로운 역사적 사실을 찾아 파헤칩니다.

게자리는 또한 비밀을 잘 지켜 줍니다. 사람들은 게자리에게 자기도 모르게 비밀을 털어놓게 되는데, 털어놓기도 전에 감각이 예민한 게자리는 사람들이 무슨 생각을 하는지 알고 있을 때가 많습니다. 게자리의 연민은 깊고도 매우 직관적입니다. 마음만 먹으면 밝혀내지 못할 비밀이 없습니다. 하지만 일방통행이라서 당신은 절대로 게자리의 개인적인 생각을 엿볼 수 없답니다. 게자리는 자기의 내적인 감정을 신중하게 보호합니다. 전형적인 게자리는 자기 사생활에 대해 이야기하기를 싫어하지만, 당신의 사생활은 즐겁게 들어 줄 것입니다. 그리고는 게자리 특유의 상상력으로 당신이 얘기하지 않은 부분까지도 쉽게 유추해 냅니다. 하지만 게자리는 좀처럼 판단을 내리지 않습니다. 그저 정보를 모으고, 흡수하고 반사할 뿐입니다.

게자리는 마치 거울에 비친 형상을 반사하듯이 감정을 되돌려 주지만, 손에 들어온 물건은 순순히 포기하지 않습니다. 바닷가를 걸으면서 게의 습성을 관찰해 보세요. 뭔가를 잡으면(당신 발가락이 아니길 바랍니다.) 목숨 걸고 매달립니다. 집게발을 잃는 한이 있더라도 절대 놔주지 않지요. 혹여 집게발을 잃어도 새로운 집게발이 다시 자라나서 변하지 않는 끈기로 방금 놓친 대상을 다시 잡을 수 있습니다. 게자리가 진정 원하는 것을 포기하게 만들어야 하는 상황이 오면 참고하시기 바랍니다. 게자리는 절대로 소중히 여기는 것을 포기하지 않습니다. 그 대상은 사랑하는 친구나 가족일 수도 있고, 어떤 직함이나 지위일 수도 있습니다. 뿐만 아니라 오래된 사진이나 바닥이 반쯤 닳아 없어진 너덜너덜한 슬리퍼가 될 수도 있습니다.

해변에 갈 일이 있으면, 게가 걸어다니는 모습을 포

함하여 다양한 습성을 관찰해 보시기 바랍니다. 게가 당신의 발가락을 발견하면 절대로 머리를 앞으로 향한 채 똑바로 걸어오지 않습니다. 먼저 몇 걸음 뒤로 움직인 다음에, 옆으로 움직입니다. 그러다가 갑자기, 예고도 없이 반대쪽으로 기어갑니다. 게는 항상 반대쪽으로 움직이는 경향이 있습니다만, 매순간 대상을 관찰하고 있습니다. 맛있어 보이는 당신의 발가락이 자기에게서 멀어지려고 하면 게는 갑자기 앞으로 돌진합니다. 집게발에 물리지 않으려면 빨리 도망가는 것이 좋습니다. 탐내던 먹거리를 잃게 될 상황이 벌어지면 문제는 심각해집니다. 게자리도 이러한 전략을 그대로 따라 합니다. 자기가 원하는 것을 직접적으로 추구하지 않지요. 그들은 정면으로 다가가지 않고 여러 방향에서 움직이는 전략을 구사합니다. 누군가 자기의 목표물을 낚아채어 갈 기미가 보이기 전까지는 계속 이런 전략을 구사합니다. 그러다가 재빠르게 보란 듯이 자기의 패를 열어 보입니다. 갑자기 돌진해서 꽉 움켜쥐고는 놔주지 않는답니다.

　관용을 베풀 때에도 비슷한 양태를 보여 줍니다. 게자리는 도움이 필요한 사람을 그냥 지나치지 못하는 부드러운 마음을 가지고 있습니다. 진심으로 걱정하면서 도와주고 싶어합니다. 하지만 일단은 뒤로 물러나서 누군가 다른 사람이 먼저 다가오는지를 살피며 기다립니다. 꼭 필요한 경우가 아니라면 무엇 때문에 시간과 돈을 어리석게 낭비하겠습니까? 아무도 도와줄 기미가 보이지 않으면, 그제야 곤경에 처한 사람을 구출해 줍니다. 두 번 정도는 물속에 가라앉도록 내버려 두었다가 세 번째로 가라앉기 직전에 당신을 구해 줄 것입니다. 당신이 물에 빠져 죽도록 내버려 둘 수 없는 착한 사람이지만, 주변에 안전요원이 있거나 당신이 혼자 헤엄쳐서 물가로 나올 수 있을 것 같으면 본인은 물에 들어가지 않을 것입니다. 이기적이거나 불친절해서가 아니라 자기보호 본능 때문입니다. 게는 딱딱하고 보수적인 껍질 속에 부드러운 마음을 간직하고 있습니다. 하지만 사람들에게 베풀다 보면 자기의 시간과 돈과 감정을 너무 많이 나누어 주게 되므로 단지 현명하게 배분하려는 것 뿐이지요. 결국에는 인심을 후하게 쓰는 경우가 많지만, 일단 몸을 던지기 전에 지켜보고 기다리는 것이 합리적이라고 생각합니다. 그래서 게자리는 충동적인 선택을 하는 경우가 없습니다.

어디론가 움직일 때에는 자기 자신이나 당신의 발자취를 기록하려고 합니다. 게자리는 본인이나 남들의 경험에 근거해서 신중하게 자기의 행동을 계산합니다. 기본적으로 이미 입증된 사례를 활용하거나 새정적인 안정을 보장받는 식으로 기초를 튼튼히 합니다. 게자리는 보호 수단 없이 일에 뛰어드는 것을 두려워합니다. 그래서 결정적인 순간에 아주 주효한 선택을 하며 수완도 좋습니다. 게자리가 운영하는 회사가 대부분 성공을 거두는 비결은 여기에 있습니다. 게자리가 어두운 밤에 깊은 구렁텅이로 빠질 일은 절대로 없답니다. 달별자리나 동쪽별자리가 불의 별자리(양자리, 사자자리, 사수자리)라면 가끔 도박에 손을 댈 수도 있습니다. 그러다가 실패하게 되면 상황이 참혹해집니다. 올바른 내면의 판단을 따르지 않은 것에 대해 스스로 몹시 비참해할 테니까요. 사자자리나 사수자리의 영향 때문에 행동을 하기는 했으나, 실패한 뒤에 자기의 태양별자리인 게자리에 다시 의지하게 되면 고통스러움을 느끼기 시작합니다. 그저 운이 나빴다고 대수롭지 않게 여기면서 다시 시도하기보다는 실수를 곱씹으면서 다른 기회를 잡을 때까지 한동안 그런 상태로 지내는 편입니다.

게자리는 여성이든 남성이든 자기의 집을 성역화합니다. 자기가 오랫동안 사용한 모자를 걸어 두는 자기 집을 어떻게 대하는지 한번 보세요. 게자리가 제 집을 대하는 태도는 독실한 성직자가 성물을 대할 때의 성스러움을 능가한답니다. 게자리의 집에는 이런 글귀가 적힌 액자가 있을 법합니다. '집만 한 곳은 없다. 아무리 보잘것없더라도.' (네. 앞뒤 문장 순서가 바뀌었다는 것은 저도 압니다. 게자리의 어린 딸이 학교에서 만들어 온 것이라서 그에게는 값을 매길 수 없는 보석과도 같은 걸작입니다. 존중해 주어야죠.) 집은 게자리가 먹고, 자고, 사랑하고, 꿈을 꾸며 안전함을 느끼는 곳입니다. 일 때문에 지구를 반 바퀴나 여행해도 자기 집이라고 부를 만한 곳이 없다면 게자리는 절대로 행복해질 수 없습니다. 긴 여행을 마치고 집으로 막 돌아온 게자리의 얼굴 표정을 보면 알 수 있습니다. 완벽한 환희로 가득 차 있죠.

게자리는 아무리 많은 돈을 모아도 절대로 안심하지 않습니다. 아무리 많은 사랑을 받아도 항상 더 많은 사랑을 원합니다. 게자리는 감정의 긴장을 풀고 느긋해질 수가 없습니다. 미래에 닥쳐 올 가상의 재앙에 대비해서 늘 재화를 축적해야 합니다. 실제로 어떤 게자리는 침대 밑에 온갖 종류의 음식을 넣은 상자를 보관하기도 합니다. 과장한다고 생각할지 모르지만, 게자리의 침대 밑을 살펴본 적이 있는지요? 어쩌면 25년 전 세일할 때 사 둔 통조림 열 개와 초콜릿 파이 스물여덟 상자가 나올지도 모릅니다. 왜 이런 걸 쟁여 두냐고요? 그런 어리석은 질문은 하지 마세요. 언젠가 기근이 닥칠지도 모르잖아요? 게자리는 그것에 대비할 뿐이랍니다.(노아는 분명히 게자리일 것입니다. 홍수가 끝날 때까지 배의 키를 놓지 않은 것을 보면 말이에요.) 그 통조림과 파이를 왜 진작 먹지 않은 걸까요? 이 질문은 다른 질문으로 이어집니다. 한 번도 입지 않은 새 파자마 열네 벌과 선물로 받은 수십 개의 캐시미어 스카프는 왜 쓰지 않는 걸까요? 아직 포장도 안 뜯었네요. 누가 알겠습니까? 다음에 큰 홍수가 나면 동물들을 따뜻하게 감싸 주려고 하는 건지도 모르지요. 게자리는 항상 먼 미래까지 생각합니다. 그리고 자기가 태어나기도 전의 먼 과거의 재앙마저 또렷이 기억합니다.

게자리가 물속에 있는 모습을 자주 볼 수 있을 겁니다. 수영을 하거나 수상스키를 타거나, 아니면 적어도 물가에서 첨벙거리고 있겠죠. 출생차트 상 두드러진 충돌 요소가 있어서 파도를 무서워한다면 모르지만, 대부분의 게자리는 해상 스포츠를 즐깁니다. 게자리가 배를 소유하는 경우가 많은 것도 이 때문입니다. 게자리라면 고화질 텔레비전 12대나 리무진 50대보다는 잘 손질된 작은 배 한 척을 갖고 싶어 할 것입니다. 멋진 요트를 가진 사람도 있지만 그보다 작은 배나 카누라도 즐겁게 노를 저어 행복의 길로 나아갈 것입니다. 게자리는 저마다 저 멀리 깊은 바다 어디선가 길을 잃고 헤매는 꿈을 가지고 있고, 그 꿈을 계속 찾아다닙니다. 당신이 만나는 게자리 중에 반 이상은 주말에 배를 타는 사람들일 것입니다. 어쩌면 달과 조류가 게자리를 부르는 것인지도 모르죠. 이유가 무엇이든 간에 게자리는 대학교를 졸업할 때 산 운동화를 신고 자기의 배 갑판 위를 감상에 젖어 거닐 것입니다. 이보다 더 감정이 풍부해지는 순간은 없지요.(새 운동화를 사라고 충고하지 마세요. 게자리에 대해 당신이 알아 둘 것이 있습니다. 그들에게 오래된 것은 가치 있는 것이고 새것은 의심스러운 것입니다.)

게자리는 육체보다는 감정의 영향 아래 살아갑니다. 걱정과 우려는 게자리를 아프게 할 수 있고, 반대로 유쾌함은 게자리를 치료할 수 있습니다. 게자리는 경제적으로 파산할까 봐 걱정하기도 하고, 감정적인 유대가 있는 사람을 잃을까 봐 몹시 두려워하기도 합니다. 경제적으로든 심리적으로든 안정을 위협받으면 우울함에 빠져 의도하지 않은 질병이나 사고를 자초할 수 있습니다. 게자리는 상상력이 병적으로 풍부해서 가벼운 질환을 심각한 질병으로 키우거나 만성 질환으로 만들기도 합니다. 우울해지면 긍정적인 말에도 대꾸 한 마디 하지 않지요. 그러면서 자기를 걱정해 주지 않는다고 당신을 타박할 것입니다. 하지만 게자리가 아플 때 걱정해 주는 건 절대로 도움이 되지 않습니다. 무언가 두려운 일이 또 생길지도 모른다는 걱정 때문에 더 우울해진다면 정말로 큰 문제가 생깁니다. 다시 원기를 회복하는 데에 시간이 두 배는 더 오래 걸리게 되지요.

신체적으로 가장 약한 부분은 가슴과 무릎, 신장,

방광 및 피부입니다. 머리와 얼굴도 예민하고 위장을 비롯한 소화기관도 민감합니다. 게자리는 실질적으로 궤양을 만들어 낸 사람들이지요. 하지만 뛰어난 유머 감각으로 자기의 기분을 바로 볼 줄 아는 게자리라면 마음의 평정을 잘 유지하여 나이 들도록 건강을 누릴 수 있답니다. 게자리는 행복을 꽉 잡고 놓지 않는다면, 오래된 신문이나 냄비 받침에 집착하는 만큼의 끈기로 자기 삶을 붙들어 놓을 수 있습니다. 게자리가 몸과 마음이 건강해질 수 있는 비법은 쾌활함과 낙천주의 그리고 웃음에 있습니다. 게자리가 어떤 느낌을 상상하면 그 느낌은 현실이 된답니다. 게자리만큼 부정적인 생각이 바로 질병으로 이어지는 별자리는 없습니다. 하지만 또 게자리만큼 스스로 치유의 기적을 만들어 내는 별자리도 없답니다. 모순처럼 들리겠지만 모든 게자리들이 이 말을 잘 새겨두면 좋겠습니다.

게자리는 대부분 식물을 잘 기릅니다. 늘 사랑과 관심을 쏟기 때문에 정원이 풍성한 아름다움으로 넘칩니다. 또한 식물을 돌보듯이 은행 잔고를 돌보기 때문에 재정 상태도 대부분 매우 양호한 편입니다. 게자리는 돈이 주는 느낌을 좋아해서, 돈이 잘 따라 붙는 편입니다. 좋게 말하면 돈을 절약하지요. 아무리 출생차트에 충동적 성향을 주는 요소가 있어도 게자리는 항상 만약의 경우를 대비해서 빳빳한 지폐를 남겨 둡니다. 게자리가 빈털터리가 되었다고 하는 말은 은행 잔고가 몇만 달러밖에 남지 않았다는 것을 의미한답니다. 어쨌거나 게자리에게는 매우 위험한 상태인 것이죠. 게자리보다 더 훌륭한 펀드매니저는 없습니다.(제 아무리 경제관념이 뛰어난 황소자리, 염소자리, 처녀자리도 2위밖에 못할 것입니다.) 마치 나무나 꽃을 기르는 것처럼, 현금을 모으거나 불리는 일에도 전문가입니다. 게자리의 빈틈없는 손이나 기민한 손가락들 사이로 돈이 빠져나가는 일은 거의 없습니다. 그저 재미삼아 돈을 탕진해 보고 싶다는 생각으로 창밖으로 돈을 던지는 일은 절대로 일어날 수 없습니다. 게자리의 관대함도 신중함을 누르지는 못합니다. 게자리인 록펠러 경*은 어린아이들에게 10센트씩 나눠 주면

---

* 존 록펠러(John Davison Rockefeller, 1839~1937): 미국의 석유 재벌가이자 자선 사업가.

서 자기가 사치스럽다고 생각했습니다. 그렇게 돈을 낭비하면서 경제학을 계속 가르친다는 건 불편한 일이라며 괴로워했다고 합니다. 그래도 게자리는 자신이 좋아하거나 사랑하는 사람이 절실하게 필요할 때에는 가지고 있는 모든 것을 기꺼이 나누려고 합니다. 어린아이에게는 기꺼이 돈을 주지만 통조림을 2센트 더 받으려고 하는 상점 주인에게는 단호하게 행동합니다.

어떤 이유에서인지 게자리는 음식으로부터 안도감을 느낍니다. 허버드 부인*이 7월에 태어났더라면 찬장이 비어 있었다는 사실에 절망해서 낙담하고 말았을 것입니다. 자기가 먹지 않더라도 냉장고에 음식이 가득 차있어야 안심합니다. 게자리는 음식에 대한 얘기만 꺼내도 얼굴에 화색이 돌고, 굶어 죽는 이야기를 하는 것만으로도 공포에 떱니다. 이들은 굶주린 사람들에게 마음을 많이 쓰고 전 세계 기아에 대해 책임감을 느낍니다. 저명한 수학자이자 천문해석가였던 칼 페인 토비는, 게

---

* 허버드 부인(Old Mother Hubbard) : 1805년부터 출판된 유아교육용 시의 주인공.

자리였던 넬슨 록펠러가 슈퍼마켓에서 '록펠러는 진심으로 여러분을 배려합니다.'라는 정치적인 슬로건으로 캠페인을 벌였던 것을 지목했습니다. 음식을 낭비하는 것은 게자리에게는 범죄 행위입니다. 게자리에게 밥을 한 그릇 더 얻어먹을 수는 있지만 반드시 다 먹어야 한답니다.

게자리는 남녀 모두에게 강한 모성 본능이 있습니다. 이들은 항상 따뜻한 음식으로 사람들의 배를 채워 주려고 하고, 차갑고 눅눅한 밤공기를 피하도록 사람들에게 머플러를 둘러 줍니다. 게자리는 자기의 친구와 사랑하는 사람들을 아기처럼 다루고, 주위를 맴돌며 보호해 줍니다. 아이들과 음식과 돈 중에 어떤 것이 게자리의 감정을 가장 깊이 흔들까 하고 물어본다면, 답하기가 참으로 어렵습니다.

게자리의 예민한 기질은 단단한 껍질로 보호되어 있으며 폭풍을 피할 만큼 현명하기도 합니다. 그들은 생의 절반을 땅 위에서 살고 나머지 절반은 깊은 물속에서 삽니다. 게자리는 어둠 속에서 빛나는 옅은 황금색 달빛을 몸에 두르고, 연녹색과 연보랏빛이 감도는 겸손함 뒤에 강렬한 감정을 숨겨 두고 있답니다. 게자리는 모두 달의 광기를 지니고 있습니다. 그들은 붓꽃 사이에 피어난 백합꽃 두 송이와 백장미 일곱 송이가 자라는 비밀의 화원을 알고 있습니다. 가끔 이런 정원에 대한 먼 기억 때문에 미칠 듯이 웃음을 터트리기도 하고 가끔은 슬퍼서 흐느끼기도 합니다. 게자리는 남들이 백사장에 무심코 흘린 에메랄드나 진주, 월장석을 끈질기게 모으며 자기의 은빛 꿈을 연마해 줄 파도를 기다립니다.

게자리로 알려진 유명인

링고 스타Ringo Starr

마르셀 프루스트Marcel Proust

장 콕토Jean Cocteau

존 록펠러John D. Rockefeller

헨리 8세Henry VIII

헨리 소로Henry D. Thoreau

마르크 샤갈Marc Chagall

어니스트 헤밍웨이Ernest Hemingway

*넬슨 만델라Nelson Mandela

*리오넬 메시Lionel Messi

*메릴 스트립Meryl Streep

*생텍쥐페리Saint-Exupéry

*톰 크루즈Tom Cruise

*톰 행크스Tom Hanks

*펄 벅Pearl Buck

*프리다 칼로Frida Kahlo

*헤르만 헤세Hermann Hesse

*헬렌 켈러Helen Keller

*이병헌

*이청용

*추신수

*하지원

게자리 남성

♋

"난 가끔 버터 바른 롤빵을 찾아 땅을 파거나
게를 잡기 위해 새를 잡는 끈끈이를 놓지.
난 가끔 이륜마차의 바퀴를 찾아
풀로 덮인 작은 둔덕을 뒤져.
나는 그렇게 돈을 번다네.
(할아버지가 윙크하고 말했어.)
내가 기꺼이 자네의 건강을 위해 건배하지."

게자리 남성은 에둘러 말하기의 전문가입니다. 덜렁대
거나 수다스러운 면은 없습니다. 처음 만났을 때부터
게자리 남성이 자기 속을 꺼내 보여 줄 거라 기대하지
마세요. 게자리가 낯선 사람에게 비밀을 털어놓는 일은
절대로 없습니다. 심지어 가장 친한 친구들마저도 모르
는 부분이 있답니다. 게자리 남성을 알기까지는 시간이
제법 걸리지요. 그리고 인내심도 상당히 필요합니다. 심기가 불편한 게자리 남성을 한번 만나보면 아마 더 이상 별로 관심을 갖고 싶지 않을 것입니다. 이해합니다. 하지만 다시 시도해 보세요. 너무 쉽게 포기하지 마시고요.

　게자리 남성은 여성들에게 치근거리고 변덕스럽다가도, 또 예민하고 더할 나위 없이 성실한 모습을 보이기도 합니다. 얼굴을 잔뜩 찌푸리고 있다가 갑자기 부드러운 미소를 띠기도 하지요. 한동안 심술궂게 불평하고 무뚝뚝하게 행동하다가도, 어느 순간 킥킥거리거나 미친 듯이 박장대소를 합니다. 당신은 슬픈 얼굴로 생각에 잠겨 있는 그를 감싸 안아 주고 싶고, 그럴 수만 있다면 우울함을 달래 주고 싶을 것입니다. 게자리 남성이 날카롭고 직관적인 지성을 자랑할 때는 진정 경외심을 갖고 바라보게 됩니다. 그의 신중함이 존경심을 불러일으키지요. 그렇지만 게자리 남성의 비관주의는 당신을 우울하게 만들 것입니다. 게자리 남성은 품격 있고 예의바르며 연민이 많아서, 벤치에 앉아 있는 당신에게 마치 춤을 신청할 것처럼 보입니다. 틀림없이 낭만적인 몽상가이지만, 매우 지각 있고 실용적인 사람이어서 그를 싫어하는 사람들조차도 뒤에서는 대단한 사람이라고 칭찬합니다.
자, 이런 남성이라면 어떻게 하시겠습니까?

　　일단은 게자리 남성을 이해해 보려고 애쓰겠지요. 그
가 이런 모습들을 보이더라도 성격 자체가 변하는 것은
아닙니다. 그저 달의 기운이 변하는 것처럼 오늘의 생각과
느낌이 내일이면 바뀌는 것이죠. 하지만 매순간 형태와 농
도가 달라지는 생각과 감정 이면에서 그 사람의 진짜 모
습을 찾아보려고 애쓰지 마세요. 이 모두가 게자리 남성의
진짜 모습이니까요. 표현 양태가 바뀌었을 뿐이지 그 사
람의 천성이 바뀌는 것은 아닙니다. 게자리 남성의 태도가
때때로 거칠고 냉담할 수는 있지만, 마음은 언제나 부드럽
고 애정이 넘치며, 스스로 상처를 쉽게 받는다고 느낄 정
도로 감성이 풍부합니다. 그는 상처를 받을 때면, 껍질 속
으로 기어들어갑니다.(껍질을 항상 등에 짊어지고 다니지요.)
그 안에 있으면 자기 자신의 감정으로부터 잠시나마 안
전할 수 있습니다. 게자리 남성이 마음에 상처를 입고 껍
질 안으로 들어가 침묵할 때, 당신은 진짜 게를 대하는 듯
한 기분이 들면서 포기하고 싶어질 것입니다. 하지만 그가
이내 햇살을 보려고 단단한 껍질 밖으로 조심스레 얼굴을

내밀면, 당신은 자기도 모르게 그에게 다시 다가가고 싶은 마음이 생길 것입니다. 안타깝게도 게자리 남성은 가끔 심술궂게 행동합니다. 눈에 보이는 모든 것과 주변 사람들을 비난하고 당신의 자존심에 큰 상처를 주기도 합니다. 그런가 하면 어떤 때에는 마치 약간 나사 풀린 오랑우탄처럼 재미있는 사람이기도 하지요. 그를 내버려 둬야 할지 따뜻하게 안아 주어야 할지 헷갈리는 것이 당연합니다. 게자리의 기분 변화는 어떤 사람이라도 어리둥절하게 만드니까요. 처음에는 그의 차가운 눈길에 떨게 되고, 그 다음에는 지나친 헌신 때문에 숨이 막히죠. 게자리 남성이 제일 심술궂은 사람으로 돌변할 때는 무언가를 잃어버릴지도 모른다는 두려움이 있을 때랍니다. 그 무언가가 당신일 수도 있습니다. 당신은 영원히 그의 사람이라고 안심시켜 주어야 합니다. 게자리 남성에게는 애정 어린 말이 음악과도 같답니다.

물론 보름달이 뜨는 어느 날 밤에 부드러운 분위기를 연출하다가도 갑자기 미친 사람처럼 돌변할 수도 있습니다. 당신이 달콤한 꿈으로부터 멀어져 갈 무렵에 그는 자기가 가장 좋아하는 시를 읊어 주겠다고 말합니다.

당신은 안도의 한숨을 쉬고 그의 어깨에 기대어 눈을 감습니다. 그는 이런 시를 읊조립니다. "이브의 동산에서 사슴은 잔뜩 취했다네. 달빛은 실개천 위에서 춤을 춘다네. 사슴은 코를 한 번 풀고 신발을 닦고는 독주를 벌컥벌컥 마셨다네." 당신은 아마도 황홀한 기분에서 확 깨어나겠죠. 보름달은 사람을 이렇게 이상하게 만들 수 있답니다. 그가 아무리 백만장자가 될 만큼 똑똑한 사람이라고 하더라도 가끔은 이렇게 어이없는 행동을 할 수 있습니다.

돈 얘기가 나와서 다행이군요. 당신도 좋아할 얘기입니다. 만약에 당신이 집세를 꼬박꼬박 내야 하는 사람이라면 제대로 사랑에 빠진 것입니다. 그는 당신을 좋아하는 만큼 안정을 좋아합니다. 당신이 약간 우위를 점하겠지만, 어쨌든 그 사람과의 관계에 있어서 최악의 경쟁 상대는 바로 돈입니다. 게자리 남성은 대부분의 낮 시간을 일종의 종교적인 열정과 헌신을 가지고 돈을 추구하는 데에 할애할 것입니다.(밤에는 다른 것들을 추구하지요.) 당신에게 그다지 나쁜 조건은 아닙니다. 게자리 남성은 어릴 적부터 재무에 맛을 들여 왔고, 돈을 쓰는 일보다는 저축하는 일에 훨씬 매력을 느낀답니다. 인색하다고 말할 수는 없지만 그렇다고 해서 지폐로 담뱃불을 붙이는 사람은 아니라는 뜻입니다. 게자리의 유머 감각에도 돈에 관한 주제는 포함되지 않습니다. 게자리에게 돈은 농담의 대상이 될 수 없습니다. 그는 아마도 알파벳을 배우기 전에 숫자부터 깨우쳤을 것이고, 열한 살 때부터 이미 신문 배달 아르바이트를 시작했을 것입니다. 빨간 돼지저금통을 아직도 뜯지 않고 가지고 있다고 해도 놀랄 일이 아니지요. 게자리 남성은 동전의 광택과 지폐의 바스락거리는 소리에 신경이 안정될 정도이지만, 그렇다고 해서 자기의 신용등급을 드러내 놓고 자랑하지는 않을 것입니다. 게자리는 사회적 지위를 위해 돈을 모으는 경우가 드뭅니다. 그저 돈이 좋아서 모으는 것입니다. 실제로 돈의 힘에 대해서는 하찮게 생각할 것입니다. 게자리 남성은 그저 생계를 위해 돈을 버는 가난한 소년처럼 최선을 다해 살아가는 것입니다. 당신은 그가 너무 딱해서 은행 대출이라도 받아 보라고 제안하고 싶을지 모릅니다. 하지만 그럴 필요는 없습니다. 이미 대출을 받아서 그 자금을 활용하고 있을 겁니다.

동쪽별자리가 불의 별자리인 경우에는 드물게 낭비

욕구가 있겠지만, 게자리 남성이라면 그런 낭비 욕구를 잘 억누릅니다. 가끔은 우울한 기분을 떨쳐 버리기 위해 흥청망청 쓰는 경우도 있는데, 결코 그것이 습관이 되지는 않습니다. 언뜻 '구두쇠'라는 말이 떠오르겠지만 게자리 남성이 경제에 대해 흥미로운 생각을 가지고 있다는 것을 알아야 합니다. 그는 싸구려 식당에 가서 너무 익힌 양고기와 불친절한 서비스로 자기의 예민한 감각을 망치느니, 차라리 최고급 식당에 가서 비싼 돈을 내는 만큼 좋은 대접을 받으려고 한답니다. 또한 밍크 코트 한 벌이면 몇 년이고 입을 수 있는데 매년 싸구려 외투를 사느라 돈을 쓰는 것이 어리석은 짓이라고 생각합니다. 게자리 남성의 입장에서는 구입하자마자 가치가 떨어지는 값싼 자동차보다는 훌륭하고 보존 가치가 있는 캐딜락이나 벤틀리가 더 안전한 투자입니다. 게자리에게는 품질과 절약이 동의어랍니다. 이제 당신의 눈이 다시 반짝이기 시작했으리라 생각해요.

아무리 평생 음악과 미술에 심취해 있는 시적이고 낭만적인 게자리라도 돈의 가치에 대한 판단력은 매우 기민합니다. 그러므로 게자리 화가가 차가운 다락방에서 그림을 그린다고 해서 그에게 불우이웃 돕기 성금을 보낼 필요는 없습니다. 아마도 어느 구석엔가 수표를 넉넉히 보관하고 있을 것입니다. 자신의 그림을 기증하는 일도 없습니다. 그가 직업화가라면 그림을 상당히 고가에 판매할 것입니다. 하지만 그만한 가치가 있습니다. 게자리는 경력을 쌓기 시작하면 반드시 정상에 올라야 하는 사람입니다. 예술적인 재능도 많습니다. 당신의 게자리 짝꿍에게 크리스마스 카드를 디자인해 보라고 시켜도 됩니다. 아무리 아마추어라도 정말 멋진 카드를 만들어 줄 것입니다.

전형적인 게자리라면 스포츠웨어에는 별로 관심이 없습니다. 그는 옷차림에도 격식을 차리는 사람입니다. 억만장자이든 쥐꼬리만 한 봉급쟁이든 간에 전통적인 스타일로 재단이 잘된 옷을 선호합니다. 칼라 단추나 (아직도 게자리들에게 그런 걸 팝니다.) 커프스 버튼을 끼울 수 있게 만든 값비싼 셔츠를 좋아하지요. 소매에 이니셜을 새기지는 않습니다. 너무 드러내는 것을 싫어하고 남의 이목을 끌고 싶어 하지도 않거든요. 그는 경제적으로 좀 빠듯할 수 있는 사업 초창기에도 늘 반짝이는 구두를 신고 다닙니다. 경제적 위기를 겪는 동안에도(비록 잠시 동안이겠지만) 그는 뭔가 상류층 냄새를 풍기거나, 한때 잘나갔던 사람 같은 느낌을 풍깁니다. 과거에 혹은 지금 그렇지 않더라도 곧 부자가 될 것입니다. 언젠가 상당한 재산을 갖거나 그럴 기회를 맞을 것입니다. 늘 부유하지는 않더라도 게자리가 실업자가 되는 일은 시베리아 벌판에서 파인애플 나무를 보는 것처럼 드문 일이지요. 게자리의 비밀스러운 좌우명은 '놀기만 하고 일을 하지 않으면 월급봉투가 얇아진다.'랍니다. 게자리는 지갑이 늘 두둑해야 행복해합니다.

당신이 게자리 남성의 어머니와 성격이 잘 맞기를 바랍니다. 아니, 그러기를 간절히 기도해야 합니다. 게자리 남성의 말 중에는 자주 엄마가 등장합니다. "우리 엄마는 별로 화장을 하지 않는데도 진짜 예쁜데, 당신 눈 화장이 너무 진한 거 아니에요?"라거나, "냉동 파이랑 즉석 감자를 써요? 우리 엄마는 내가 어릴 때 늘 빵을 직접 구워 주셨는데."라고 말합니다. 이 완벽한 여인은 마치 한 집에 같이 사는 것처럼 자주 대화에 등장합니다. 그것도 당신이 정말로 기대하지 않았던 순간에 튀어

나오죠. "자기야, 오늘 우리 영화 보기로 한 거 취소해야 할 것 같아. 지금 시골 어머니 댁에 며칠 쉬러 가는 길이야." 좋게 말하자면, 게자리 남성은 어머니를 여왕의 권좌에서 끌어 내리고 당신을 새로운 여왕으로 모시는 일이 좋지만은 않은가 봅니다. 게자리 남성은 심할 정도로 가정적인 사람이어서 아주 가끔 방랑벽이 도지더라도 어머니가 집을 안락하게 해 준다면 서둘러 그 집을 떠나지 않습니다. 게자리는 어머니와 너무 가깝게 지내거나 아니면 어릴 때부터 철저하게 소외당했거나 둘 중의 하나입니다. 게자리와 어머니의 관계는 '흑 아니면 백'이지요. 게자리가 부모를 숭배하지 않는다면, 입양된 경우이거나 어머니의 사랑을 독차지한 아버지에 대한 질투심으로 감정적인 벽이 생긴 경우입니다. 이런 경우라면 부자연스러울 정도로 냉담하고 외롭게 살아갈 것입니다.

하지만 전형적인 게자리는 대체로 어머니와 너무 가깝게 지냅니다. 같이 살면서 이런 문제를 애써 감출 필요는 없습니다. 당신이 일반적인 게자리 남성과 사랑에 빠졌다면 그의 어머니와의 관계를 잘 구축해야 합니다. 그의 어머니에 대해 찬사를 아끼지 않으면서 동시에 라이

벌로서 그녀에게 밀리지 않도록 처신하는 것이 쉽지 않을 것입니다. 요리와 가사에서 시어머니를 주변인으로 만들면 안 됩니다. 시어머니가 당신에게 레몬 시폰 파이 만드는 법을 가르쳐 주려고 한다면, 그렇게 하도록 놔두세요. 게자리 남편은 두 여인이 사이좋게 지내는 것을 보고 좋아할 것입니다. 그런 다음 돌아서서 혼자 멋진 고기 요리를 하세요. 최소한 그의 어머니가 해 왔던 만큼 당신도 그를 행복하게 해 주어야 합니다. '어머니가 해 왔던 만큼'이라는 기준이 좀 대단하긴 합니다. 그는 아마도 눈에 넣어도 아프지 않을 아이로 줄곧 자라 왔을 것입니다. 어머니가 유난스럽게 돌보면서 꼬박꼬박 먹여 주고 맛난 요리도 해 주고 그가 아플 때에는 늘 곁에 있어 주고 밤에는 포근하게 감싸 주어서 그를 강하고 사랑스러운 게로 키웠을 것입니다. 게자리 남성은 절대로 인정하지 않겠지만, 여성들이 다독여 주고 아기처럼 다루어 주는 것을 좋아한답니다.

마음이 좀 착잡해지나요? 그래도 게자리 남성에게는 이런 것을 만회할 수 있는 매력과 장점이 있습니다. 먼저 게자리는 상당히 훌륭한 요리사입니다. 멋진 요리

솜씨로 당신을 놀라게 할 것입니다. 게자리 남성이 저녁 식사에 초대할 때에는 대체로 매우 진지합니다. 직접 만든 동판화를 보여 줄 때에도 다른 의도는 숨어 있지 않습니다. 전형적인 게자리 남성은 삶의 섬세한 부분에 매우 열성입니다. 일상적이고 평범한 대화중에도 문화와 예술을 거론합니다. 여러분 모두 알고 있겠지만 게자리 남성이라면 희귀한 동판화를 소유하고 있거나, 적어도 멋진 음반 컬렉션을 소장하고 있을 것입니다. 게자리 남성의 집을 방문할 때에는 보호자가 없어도 상당히 안전합니다. 전형적인 게자리 남성은 여성에게 매우 정중합니다. 당신이 정숙한 여인으로 행동하는 한 그도 신사로 남을 것입니다. 그는 마치 자기 할머니 시대의 사람처럼 행동합니다. 그때가 좋은 시절이었다고 생각하기도 하고요.(어쩌면 할머니 사진도 어딘가 걸려 있을 것입니다.) 그의 집안 내력에 대해 물어보세요. 즐겁게 이야기해 줄 것입니다. 대부분의 게자리는 자라 온 배경과 혈족에 관심이 많습니다. 그들은 할머니 얘기부터 자기가 처음으로 유럽에 갔을 때 사 온 18세기 장식 테이블까지, 옛날과 관련된 것을 좋아합니다.

그가 당신의 사진을 찍겠다고 하면 놀라서 도망가지 마세요. 사진은 게자리의 일반적인 취미 생활이랍니다. 사진기 한 대 없이 지내는 게자리는 매우 드뭅니다. 물론 금성이 전갈자리에 있거나 달이 사자자리에 있을지도 모르니까 결혼 승낙을 하기 전에 그의 출생차트를 확인해 보는 것이 좋겠지요. 이렇게 말해 보세요. "저도 당신과 결혼하고 싶어요. 그런데 그 전에 먼저 천문해석가에게 전화를 해 봐도 되죠? 생일이 언제예요?" 만약에 그가 농담으로 받아들이면 정색을 하고 얘기해 주세요. 제이피 모건이라는 세계적인 투자 회사도 천문해석가 에반젤린 애덤스*와 상의하지 않고는 주식 시장에서 전혀 움직이지 않았습니다. 에반젤린 애덤스는 존 퀸시 애덤스**의 손녀이자 존 애덤스***의 증손녀입니다. 역사와 돈 얘기를 조합했으니 게자리 남성은 눈이 번쩍 뜨일 것입니다.

게자리 남성이 한동안 자기 동판화나 오래된 테이

---

* 에반젤린 애덤스(Evangeline Adams, 1868~1933) : 미국의 유명한 천문해석가로서 비즈니스 관련 컨설팅을 많이 함.
** 존 퀸시 애덤스(John Quincy Adams, 1767~1848) : 미국의 제6대 대통령.
*** 존 애덤스(John Adams, 1735~1826) : 미국의 제2대 대통령.

블을 보러 오라고 초대하지 않을 수도 있습니다. 가벼운 연애 감정은 있을지라도 진지하게 한 여성을 좋아하게 되기까지는 몇 년이 걸릴 수도 있답니다. 자기가 관심을 쏟아도 좋을 만큼 가치 있는 여성을 찾는 것이 그에게는 쉬운 일이 아니기 때문입니다. 그런 여성을 찾게 되면 그는 아름다운 감상주의자가 되어 그녀에게 선물과 존경을 바칠 것입니다. 하지만 그의 기준은 드높은 곳에 있습니다. 모든 여성들이 그 기준을 충족하지는 않지요. 대부분의 게자리 남성은 마음을 다칠까 봐 두려워합니다. 그럴 수밖에요. 일반적인 남성들이 짝을 잘못 만나 실패하는 경우 몇 주면 회복이 가능하지만, 게자리 남성에게는 하늘이 무너지는 재앙과도 같기 때문입니다. 그가 스스로에게 가까이해도 좋다고 허락한 짝과 결별해야 할 때, 그 고통은 몇 년씩이나 지속됩니다.

당연히 게자리 남성은 사랑에 빠지는 것을 부끄러워합니다. 하지만 한번 마음을 먹고 나면 어지간해서는 퇴짜 맞을 일이 없습니다. 게자리는 낭만적인 연인 역할을 예술적으로 수행해 냅니다. 당신의 마음을 얻겠다고 스스로에게 선포하고 나면, 그의 수줍음은 하룻밤 사이에 집요함으로 바뀝니다. 마음먹고 하는 일이라면 그것이 어떤 것이든 거부당하는 것을 용납하지 않는, 이 성실하고 단호한 남성을 뿌리칠 수 없을 것입니다. 당신의 우편함은 날이면 날마다 날아오는 그의 편지로 채워지고, 그는 당신 집 앞에 진을 치고 하루에 수십 번씩 전화를 할 것입니다. 게자리는 한번 잡으면 좀처럼 놓아주지 않습니다. 물론 당신도 빠져나오고 싶지 않을 것입니다. 대부분의 여성은 자기를 단단하게 붙잡아 줄 누군가가 있는, 문 앞에 서성거리는 나쁜 늑대로부터 자기를 보호해 줄 누군가가 있는, 그런 달빛 같은 세상을 꿈꾸잖아요?

자, 이제 그가 옷을 대충 입는 사람도 아니고 구두쇠도 아니며 환상적인 요리사에 취향도 고매한 사람이라는 것을 알게 되었습니다. 그런 그가 마치 자기 할아버지와 결혼했던 할머니처럼 고전적인 아가씨를 만나 잉꼬부부처럼 살고 싶어 합니다. 이 밖에 또 무슨 정보가 필요하세요? 아버지로서는 어떠냐고요? 아마 가장 좋은 정보가 될 것 같은데요. 게자리는 모두 어머니의 마음을 지니고 있습니다. 게자리 남성도 마찬가지예요.

당신이 사랑하게 된 다정하고 부드러우며 동정심 많고 이해심 많은 그 사람의 성격 때문에 게자리 남성이 훌륭한 아빠가 될 것이라는 이야기입니다. 아이가 발가락을 다치거나 장난감을 부수거나 이가 아프다고 할 때에도 무한한 인내심으로 정성껏 돌보아 줄 것입니다. 아이의 생일 파티에서는 동네 꼬마들을 위해 고깔모자를 쓴 삐에로가 되어 주고 꼬마들을 즐겁게 해 주기 위해 많은 시간을 투자할 것입니다. 게자리 아버지는 아들을 자랑스러워하고 딸은 지독하게 보호합니다. 아이들이 어릴 적에는 가장 멋진 아빠가 될 것입니다. 하지만 좀 더 크면 약간 힘들어질 수 있습니다. 게자리 아버지는 사랑스러운 아이들이 자기에게 영원히 의지하기를 바라기 때문에, 아이들이 독립 의사를 비치면 바깥세상을 경험하고 싶어 하는 아이들의 욕망에 분개하면서 한동안 짜증을 낼 것입니다.

게자리 아버지는 자정 넘어 차를 몰고 나간 어린 아들과 귀가 시간이 넘도록 댄스파티에서 돌아오지 않는 예쁜 딸 때문에 안절부절못하며 카펫에 구멍이 날 정도로 왔다갔다할 것입니다. 게자리에게는 숫자가 중요하다고 했던 것을 기억하지요? 그가 잘못하고 있다는 것을 간단한 숫자로 설명해 주세요. "여보, 이런 거예요. 지금은 우리에게 애가 둘이지요. 아이들이 결혼을 하면 손자 손녀가 여섯 명이나 여덟 명이 될지도 몰라요. 마치 은행에서 이자를 주는 것처럼요. 아이가 둘 있을 때보다 여섯이나 여덟이 되면 더 많은 행복이 찾아올 거예요. 그렇죠?" 이렇게 하면 넘어갑니다. "동의해 줘서 기뻐요, 여보. 이제 딸아이의 웨딩드레스를 어디에 감춰 뒀는지 얘기해 줄래요? 그리고 아들 녀석이 결혼할 수 있게 그 수갑 좀 풀어 주세요." 단, 보름달이 뜬 날에는 시도하지 마세요. 오해할지도 모릅니다. 게다가 달의 기운이 강한 날에는 어떤 게자리도 생각을 제대로 할 수가 없습니다. 통제를 포기하는 것은 어려운 일이지만, 그래도 여전히 당신이 곁에 있다는 사실을 상기시켜 주면 그는 아이들을 놓아줄 것입니다.

게자리 남성과의 미래에 대해서는 여기까지입니다. 당신이 당장 직면하고 있는 문제로 돌아와 보죠. 그 사람이 옆으로만 움직이면서 지능적으로 주제를 회피하는 일을 멈추게 해야 합니다. 앞으로 움직이게 유도해서 당신에게 청혼하도록 해야 합니다. 더 대범하고 남자다운 남자를 만나기 위해 그를 떠날 것처럼 연기를 해 보세요. 대부분의 게자리는 자기의 목표물(여기서는 당신입니다.)이 떠날 기미가 보이면 더 이상 뒤로만 움직이지 않습니다. 하지만 게자리 남성이 제대로 깨닫게 만들려면 정말로 다른 남자를 찾아내야 할지도 모릅니다. 물론 그 일 자체도 쉽지는 않습니다. 당신의 일거수일투족을 매우 가까이에서 지켜보고 있기 때문이지요.

게자리 남성이 당신을 꽉 붙들게 만들고, 밤마다 보드 게임이나 하는 것을 멈추게 하려면, 그의 계산기 같은 겉모습 바로 뒤에 숨어 있는 감성에 호소해야 합니다. 음악, 시, 꽃, 아름다운 옷, 은은한 향수, 부드러운 말 그리고 다정한 스킨십 같은 것들이 로맨스에 약한 게자리 남성을 쓰러뜨릴 수 있는 무기입니다. 그의 심장과 위가 바로 연결되어 있다는 점도 간과하지 마세요. 잡지에서 아기 사진을 오려 두고 재봉틀을 잘 보이는 곳에 두세요. 치마를 평소보다 몇 센티미터 더 짧게 입고 그를 약간 아기처럼 다루세요. 그리고 외국 동전으로 만든 팔찌를 착용해 보세요. 마지막 비법은 게자리의 예민한 코드 두 가지를 건드리는 것입니다. 멀리 외국의 해변으로 여행을 가는 것과 돈이지요. 그러면 어느 날 밤 그는 충동적으로 자기 어머니에게 인사하러 가지 않겠느냐고 물어볼 것입니다. 그 다음날 바로 청첩장을 주문하고 혼수를 장만해도 됩니다. 감정 기복이 있기는 하지만, 수만 개의 꿈을 가진 게자리 남성의 마음을 사로잡아 드디어 그가 숭배할 여인으로 낙점되었으니까요. 이제 '365일 동안 항해를 떠나고', '달빛 아래 춤을 추며', '멋진 스푼으로 치즈 케이크를 먹게' 될 것입니다. 즐거운 여행이 되기를 바랍니다. 하지만 절대로 그의 낡은 모자와 닳아빠진 운동화, 우표 수집책, 옛날 성적표 등을 내다 버리면 안 된다는 것을 기억하세요. 게자리 남성에게는 보물들이니까요. 우산을 가지고 다니는 것도 잊지 마세요. 눅눅한 밤이 찾아올 수도 있으니까요. 모피 코트를 입은 당신이 아름다워 보인다고 얘기했던가요? 여인은 사랑을 받을 때 정말로 아름다워지는 법이니까요. 당신도 그렇습니다.

게자리 여성

♋

메아리는 사라지고 기억은 사그라져
가을 서리는 7월을 없애 버렸네.
하늘 아래 움직이는 앨리스는
깨어 있는 눈으로는 볼 수가 없는데
여전히 앨리스는 허깨비 같이 날 떠도네.

당신은 틀림없이 혼란스러워하고 있을 거예요. 처음에
는 게자리 여성이 부드러운 달의 여신인지 아니면 이상
한 괴짜인지 판단하기 어려울 것입니다. 어쩌면 끝까지
모를 수도 있습니다.

비가 오면 게자리 여성은 자기의 슬픔에 당신마저
잠기게 합니다. 태양이 구름 속에서 나와 얼굴을 비추면 그녀는 환한 웃음으로 당신을 두 배는 더 즐겁게 해 주고 따사롭게 당신을 어루만져 줄 것입니다. 게자리 여성의 기분 변화를 지켜보는 것은 마치 옛날 무성 공포 영화가 상영되기 전에 웃기는 슬랩스틱 코미디 한 편을 보는 것과 같습니다. 그 쇼가 펼쳐지는 무대에는 작은 피아노 한 대밖에 없습니다. 피아노 선율은 활기 넘치고 명랑하다가도 이내 우울하고 쓸쓸해집니다. 음악은 각 장면에 맞게 다양하게 짜여 있어서 전혀 단조롭지 않습니다. 게자리 여성도 이와 마찬가지입니다. 약간은 터무니없고 조금 슬프지만 상상력이 아주 풍부합니다. 게다가 돈을 저축하는 방법도 잘 알고 있습니다.

　　게자리 여성과 결혼하기 전까지는 당연히 그녀의 침대 밑을 살펴볼 수 없겠지요. 그녀는 무척 정숙한 여인이니까요. 하지만 침대 밑에 지폐와 동전으로 가득 찬 오래된 양말 한 짝이 있다는 것에 내기를 걸어도 좋습니다. 동쪽별자리나 달별자리가 소비 성향을 내비치는 별자리에 있더라도, 게자리 여성은 10년 전에 선물 받았지만 한 번도 사용하지 않은 탁자보 아래나 철쭉 화분 아래에 몇십 달러 정도는 챙겨 두었을 것입니다. 그녀의 시집을 들춰 보면 구겨진 지폐 한두 장쯤 팔랑거리며 떨어질 것입니다. 게자리 여성은 마음을 다쳐 위로가 필요해지면 갑작스럽게 소비 성향을 드러낼 수도 있지만, 대부분의 경우 수입에 비해 지출을 훨씬 적게 하는 편입니다. 그녀는 당신의 통장에도 유난히 관심이 많고, 돈을 주제로 하는 대화를 가장 좋아할 것입니다. 설사 당신에게 저축 통장이 없더라도 당신이 절약하려고 애쓰는 사람이라면 무시하지 않을 것입니다. 당신이 통장을 만들어서 저금하도록 도와주겠지만, 그 돈을 쓰는 일은 당신 몫이지요. 너무 많이 쓰지 마세요. 그녀는 안정감이 줄어들고 있다고 느낄 것입니다. 게자리 여성에게 몹시 비싼 선물을 하면 그녀는 "이렇게 비싼 걸 사면 안 되죠……."라고 말합니다. 예의상 하는 말이 아니라 진짜로 안 된다는 뜻입니다.

보험, 담보 대출, 집세, 세금, 크리스마스 선물 목록 등으로부터 게자리 여성을 벗어나게 하려면 달빛 비치는 한밤에 함께 바닷가로 산책을 나가세요. 게자리 여성의 기분을 풀어 주기에 가장 좋은 순간입니다. 게자리 여성은 달의 기운을 받아 비밀스러운 꿈을 끄집어내고,

파도 소리를 들으며 자기를 억압하던 수많은 일을 떨쳐 버립니다. 당신은 한 시간 안에 그 자리에서 그녀의 팔 색조 같은 감정 변화를 볼 수 있을 것입니다. 그러면 당신은 그 다양한 감정 중에서 가장 마음에 드는 것을 골라 격려할 수 있겠죠. 전형적인 게자리 여성을 보름달이 뜬 밤에 해변에 혼자 내버려 두는 것은 위험할 수 있습니다. 기이하게 변신할 수 있답니다. 낮에 보았던 쿨하고 침착한 여성, 혹은 저녁에 식당에서 키득거리며 대범하게 당신에게 치근거리던 그 여성이, 카프카의 소설 『변신』의 주인공이 됩니다. 게자리 여성은 거부할 수 없는 달빛에 온몸을 맡깁니다. 달빛이 눈동자를 비추고 찰랑거리는 파도 소리가 귀를 채우면, 게자리 여성은 갑자기 전혀 다른 세상에서 온 생명체로 변신합니다. 그녀는 바다의 요정이 되어 상상할 수 없을 만큼 먼 곳으로 당신을 데리고 날아오릅니다. 이런 날이 열에 아홉은 보름달이 뜬 밤일 테고, 나머지 하루는 아마도 그믐달 밤일 것입니다. 달이 기울면 게자리 여성은 수줍고 다정해집니다. 하지만 당신이 정말로 원하는 것은 게자리 여성의 잠재 능력을 모두 깨워 줄 수 있는 꽉 찬 보름달일 것입니다. 보름달이 떠 있는 동안 게자리 여성의 감성은 썰물과 밀물의 조화를 이룹니다. 보름달 아래에서 그녀는 시도 쓰고 작곡도 하고 철학자들이 수 세기 동안 고심해 왔던 미스터리를 풀기도 합니다. 당연히 이 시기에 게자리 여성은 당신과 흥미로운 대화를 나눌 수 있는 사람이 됩니다.

　게자리 여성이 당신과 사랑에 빠지면 두 가지 특유의 방식으로 당신에게 접근해 옵니다. 우선은 부드럽고 여성스럽게, 수줍어 어쩔 줄 몰라 하며 겸손하기 짝이 없는 모습과 싱그러운 떨림으로 당신의 마음을 흔들어 놓습니다. 또는 약간 끈적끈적한 전술을 구사합니다. 이 경우에는 좁은 칸막이 테이블에서도 가능한 당신 가까이 앉으려고 갖은 술책을 사용합니다. 물론 당신이 그녀를 좋아한다면 몹시 흥분되는 일이겠지요. 하지만 당신이 그저 다른 여성에게 하듯 별 의미 없는 친절을 베풀고 있다는 것을 그녀가 감지하면 태도가 달라집니다. 일부러 당신의 손을 꼭 잡고 마치 무지개 끝에서 걸어 나온 소녀처럼 당신 뺨에 키스할 것입니다. 비록 당신이 그녀에 대해 약간 흥미를 잃었던 상태라도 이런 모습을 보면, 내색하지 않고 그녀의 행동을 다 받아 주려고 할지도 모릅니다. 실제로 그렇게 계속 가볍게 받아 주었던 남성과, 진심으로 그 남성을 좋아했던 게자리 여성을 알고 있습니다. 결국 발작적으로 킬킬거리던 게자리 여성은 그 남성을 잡고는 놓아주지 않았습니다. 이런 유형의 게자리 여성은 진정한 사랑과 행복한 가정 생활에는 위협이 될 수도 있습니다. 다행히 제가 알던 그녀는 이런 유형의 사람은 아니었습니다만, 문제가 될 수 있다는 것을 알아 두시기 바랍니다.

다른 별자리를 보아도 알겠지만 완벽한 사람은 거의 없습니다. 양자리 여성은 뛰어다니면서 큰 소리로 택시를 잡거나 벽에 여기저기 머리를 부딪치며 다니고, 사수자리 여성은 민망할 정도로 말을 솔직하게 하고, 전갈자리 여성은 당신을 겁먹게 만들 수 있으며, 쌍둥이자리 여성은 변덕이 심하고, 사자자리는 너무 거만합니다. 하지만 일반적으로 게자리 여성에게는 이런 단점들이 전혀 없습니다.

그럼에도 불구하고 게자리 여성에게 절대로 하지 말아야 할 것이 있습니다. 게자리 여성은 남이 자기를 비평하는 것을 몹시 싫어하고, 혹시나 조롱 대상이 되면 깊은 상처를 받습니다. 누군가에게 거부당하는 것도 견디지 못합니다. 이런 점은 반드시 알아 두어야 할 원칙입니다. 전형적인 게자리는 드러내 놓고 먼저 주도하는 경우가 거의 없고 늘 망설이는 편입니다. 그러니 당신이 먼저 나서야 합니다. 그녀는 기본적으로 수줍음을 많이 타는 성격인데다가 거부당할지 모른다는 두려움 때문에 게자리 남성과 똑같이 행동합니다. 제가 아는 어떤 게자리 커플은 어느 저녁에 아파트 거실에 같이 앉아 잡지를 보는 척하면서 무려 일곱 시간을 보냈다고 합니다. 둘 다 가슴은 소리 없이 쿵쿵거리는데 겉으로는 전혀 상관없는 얘기나 하고 조간신문, 석간신문을 다 보고 낱말 맞추기까지 했다고 합니다. 두 게자리 중 어느 한쪽도 먼저 나서지 못했던 것이지요.

게자리 여성의 어머니를 친절하게 대하세요. 그러지 않으면 그녀가 당신을 절대로 용서하지 않을 것입니다. 게자리 여성에게 어머니라는 존재는, 질대로 욕믹어서는 안 될 사람입니다. 게자리 여성은 어머니와 관련된 농담은 별로 달가워하지 않습니다. 그리고 5년째 쓰고 있는 일기장을 절대로 열어 봐서는 안 됩니다. 어차 피 자물쇠가 채워져 있기는 할 거예요. 게자리는 비밀 을 잘 간직합니다. 당신이 먼저 속마음을 그녀에게 보 여 주지 않는 이상 그녀도 자기 속마음을 보여 주지 않 는답니다.

게자리 여성이 연애를 할 때 지니는 두려움이 당신 에게도 많은 영향을 미칠 수 있습니다. 그녀는 자기가 그다지 예쁘지도 않고, 똑똑하지도 않고, 젊지도 않고, 성숙하지도 않다고 걱정합니다. 아무리 밀로의 비너스 같은 몸매에, 스파르타 왕의 아내였던 헬렌처럼 아름다 운 얼굴에, 아리스토텔레스와 같은 똑똑한 지성을 겸비 하고 있다고 해도 걱정이 사라지지는 않습니다. 게자리 여성은 자기가 여전히 충분하지 않다고 생각합니다. 그 녀가 젊고, 사랑스럽고, 당신에게 사랑받고 있다는 점을 늘 확인시켜 주어야 합니다. 하루에 스무 번씩 해 주면 조금씩 효과가 생기기 시작할 것입니다. 게자리 여성은 달의 변화에 따라 한 달에 평균 네 번씩 기분이 바뀌고, 하루에도 밀물 썰물에 따라 두어 차례 정도 경미한 변 화를 보일 것입니다. 그녀에 대해서 예측할 수 있는 것은, 변화를 예측할 수 없을 거라는 점입니다. 한편으로는 매우 흥미롭고 신비로운 일이지만, 동시에 그녀를 한 대 쥐어박고 싶을 만큼 짜증나는 일이기도 하지요. 우울한 상태가 된 게자리 여성은 자기가 요리를 잘 못한다고 걱정하기도 합니다. 정말 터무니없는 생각이지요. 전형적인 게자리 여성의 요리 솜씨는 어지간한 프랑스 요리사의 요리에 대적할 만하니까요. 게자리 여성은 콩 껍질을 직접 벗기고 빵도 직접 굽습니다. 환상적인 찜 요리와 솜털처럼 부드러운 감자 요리를 만듭니다. 채소는 또 어떻고요? 아삭아삭한 채소 위에 천사들이나 먹을 듯한 딸기 잼을 듬뿍 얹어 주지요. 게자리 여성은 오븐과도 아주 친합니다. 주방은 게자리 여성이 가장 좋아하는 공간입니다.(그 옆에 아마도 아기 방이 있을 거예요.) 그녀는 마치 엄마 닭처럼 유난스럽게 당신을 챙겨 주고, 당신도 아마 그것을 좋아할 것입니다. 대부분 남성들이 그렇듯이요.

또한 게자리 여성은 당신이 자기를 충분히 사랑하지 않는다고 걱정하기도 합니다. 이런 문제는 피가 뜨거운 남성이라면 쉽게 해결할 수 있을 것입니다. 원하는 만큼 언제든지 직접 증명해 주세요. 그녀도 행복하게 받아들일 것입니다. 일단 당신이 녹색 신호등을 켜면 그녀도 그 신호를 감지하고 즐거워하며 자기가 부족하다는 느낌을 지워 갈 것입니다. 하지만 이것은 또 새로운 문제를 야기할 수도 있습니다. 당신이 게자리 여성의 진실한 사랑을 얻고 나면, 그녀가 약간 집요해질지도 모릅니다. 아니, 목숨 걸고 당신을 놓아주지 않을 것입니다. 뭐그리 나쁜 일은 아니지요. 이런 일편단심에 굶주린 남성도 많이 있으니까요. 당신이 게자리 여성의 사랑을 얻을만큼 운이 좋은 사람이라면 음식이나 애정 모두에 굶주릴 일이 절대로 없습니다. 더불어 그녀의 기묘한 웃음소리는 스릴을 줍니다. 냉소적이고 위선적인 웃음으로 무장하고 빈정대는 위험한 여성들과 비교해 보면, 게자리 여성의 풍부한 유머는 따뜻하고 사랑스럽지요.

이런 여성의 마음을 가지고 장난치는 것은 정말 잔인한 일입니다. 게자리 여성은 당신을 사랑하고 존경할 것이며, 기꺼이 순종하고 헌신하며 잔소리도 조금 곁들일 것입니다. 당신도 똑같은 열정으로 화답할 의사가 없다면 이처럼 흔치 않은 사랑에 뛰어들지 않는 게 좋겠죠. 게자리 여성의 집요함을 기억하세요. 당신은 그저 가볍게 치근거렸겠지만, 그 관계를 끝내려면 무척 힘든 시간을 보내야 합니다. 게자리 여성에게는 종료 휘슬 소리가 들리지 않을 테니까요. 게자리 여성의 감성은 얄팍하거나 표면적이지 않습니다. 남자든 찻잔이든 한번 소유하면 영원히 그녀의 것이지요.

게자리 여성은 쾌활하지도 않고 톡톡 튀는 말재간이 있는 것도 아니어서 당신 친구들에게 강한 인상을 남기지 못할 수도 있습니다. 하지만 분명히 당신에게는 자기만의 매력으로 감동을 줄 것입니다. 게자리 여성은 자기의 깊은 감정을 가장 가까운 사람들에게만 보여 줍니다. 다른 여성과 데이트를 해 보고 나면, 당신은 게자리 여성에게 바로 달려가서 다시 꽉 붙잡아 달라고 빌게 될지도 모릅니다.

게자리 여성을 대할 때 가장 어려운 부분은 그녀가 항상 가지고 다니는 단단한 껍질 속으로 숨어 들어가지 못하게 해야 한다는 것입니다. 게자리 여성은 감정이 매우 예민하고 연약해서 전혀 의도하지 않은 말에도 심한 상처를 받을 수 있습니다. 어떤 말에 그렇게 반응하는지 알아내기가 쉬운 일은 아니지요. 어느 날 밤 그녀와 왈츠를 추다가 "당신 머리가 정말 멋진데요."라고 말했을 뿐인데 갑자기 그녀의 눈에 눈물이 그렁그렁 맺힐 수도 있습니다. 왜일까요? 당신의 찬사를, 지난번에는 머리가 엉망이었다는 뜻으로 받아들였기 때문입니다. 게자리 여성은 과민한 편이라서 자주 울기도 합니다. 항상 깨끗한 손수건을 가지고 다니시기 바랍니다.

게자리 여성은 인색하지는 않지만 아끼는 습관이 몸에 배어 있습니다. 거의 본능에 가깝지요. 끈이나 단추, 유리병, 깡통, 남편, 오래된 옷감까지도 좀처럼 버리지 않습니다. 찢어진 옛날 극장표나 색 바랜 연애편지, 그리고 한 번 사용한 티백을 도대체 어디에 쓰려는 걸까요? 예상치 못한 어느 날, 부서진 크리스마스트리 장식과 함께 서랍에 보관하던 못 쓰는 퓨즈가 필요해질 수도 있습니다. 짝이 없는 오래된 양말과 장갑 200개를 도대체 어디에 쓸 건지 물어보지 마세요. 언젠가 분명히 쓸모가 있을 것입니다. 그렇고말고요. 게자리 여성은 고모할머니가 직접 퀼트로 만들어 주신, 가보로 내려오는 침대보에 누군가가 불로 구멍을 내면, 결코 웃으며 괜찮다고 말할 수 있는 사람이 아닙니다. 그녀에게는 모든 것에 정서적인 가치가 있답니다. 20년 전에 발행한 못 쓰는 수표에서부터 어릴 적 걸스카우트 배지까지 모두 가치가 있지요. 게자리 여성은 자기가 가지고 있는 물건을 매우 소중하게 여기며 철저하게 지킨답니다. 물론, 여기에는 당신도 포함됩니다. 소유욕이 많다고 해서 질투심도 많은 것은 아닙니다. 둘은 약간 차이가 있죠.

불의 별자리로 태어난 여성은 어떤 일이 지연되거나 좌초될 것 같으면 무리를 해서라도 격렬하게 저항하는 경향이 있습니다. 하지만 게자리 여성은 무리한다고 해서 상황이 바뀐다거나 극복하기 힘든 문제가 해결된다고 생각하지 않습니다. 일이 뜻대로 되지 않으면 혼자 조용히 눈물을 흘리며 두 손을 모으고 일이 제대로 돌아갈 때까지 침착하게 기다립니다. 인내심은 게자리 여성의 가장 사랑스러운 미덕 중 하나입니다. 하지만 게자리 여성이 우울해할 때에는 너무 자기 안에 빠져들지 않도록 방도를 찾아야 합니다. 우울함 속에 너무 깊이 파고들기 전에 그녀를 잡아야 하지요. 게자리 여성에게는 누군가가 자기를 아기처럼 돌봐 주기를 바라는 마음과, 사랑하는 사람에게 어리광을 부리고 싶은 마음이 깊이 자리 잡고 있답니다. 그녀는 당신이 그녀 없이 살 수 없다는 것을 꼭 확인해야 합니다. 그것만이 아니지요. 게자리 여성은 자신이 당신에게 정말 의미 있는 존재임을 확인하고 싶어서 당신의 동정심과 보호 본능을 자극하려고 할 것입니다. 당신에게 훨씬 더 많은 것을 해 줄 그녀가 이 정도 요구하는 것은 아무것도 아니지요. 하지만 게자리 여성의 연약함에 속지 말기를 바랍니다. 냉정하고 잔인한 세상으로부터 자기를 지켜 줄 튼튼하고 큼지막한 팔을 간절하게 원하는 이 연약한 여성은, 사실 어쩔 수 없는 상황에 처하면 혼자서도 험난한 세상을 완벽하게 헤쳐 나갈 수 있는 사람이랍니다. 두 사람이 다툴 때 겁먹은 눈으로 눈물을 뚝뚝 흘리던 그 아가씨는 당신이 집을 나서서 모퉁이를 돌자마자 눈물을 멈추고 음악을 틀고 차분하게 옷장 정리를 할 것이라는 점을 기억해 두세요. 물론 그녀의 굵은 눈물이 동정심을 유발하기 위한 제스처가 아니라 정말 가슴이 무너져 내리도록 슬픈 마음을 대변한다는 것도 사실입니다. 그런 날에는 곁에 남아서 음악을 들으며 부드럽게 손을 잡아

주는 것이 좋습니다.

　게자리 여성은 자기가 사랑하는 사람들을 위해서라면 영웅적인 희생도 마다하지 않습니다. 자기만을 위해서라면 절대로 낼 수 없을 것 같은 용기를 발휘하지요. 그녀는 최악의 상황에서도 절대로 당신을 실망시키지 않습니다. 그럴 때에는 연약한 달빛보다는 웅장하고 다부진 바위 같은 사람이 됩니다. 자녀들도 게자리 어머니를 든든한 피난처 같은 사람이라고 생각하게 될 것입니다. 게자리 어머니는 섬세한 이해심으로 자녀들의 길을 밝혀 줍니다. 아이들은 그녀에게 의지하고, 그녀의 따뜻한 사랑이 부리는 마법을 누립니다. 아무리 허름한 집이라도 게자리 어머니의 사랑이 닿으면 밝고 풍요롭고 안락한 궁전이 된답니다. 아이가 태어나면 당신은 그녀의 관심을 독차지하지 못해서 속상해할 수 있습니다. 알다시피 게자리는 모성애를 관장하는 별자리잖아요? 여전히 당신의 자리는 있겠지만 약간 옆으로 비켜나야 합니다.(자녀가 없는 게자리 여성이라면 동물이나 친구들을 모성애로 감싸 안습니다.) 그녀는 마치 어린 새를 돌보는 어미 새처럼 아기들이 입을 벌릴 때마다 늘 따뜻하고 영양이 풍부한 먹이를 먹여 준답니다.

　게자리 여성은 가정에서 무엇이든지 대충 하는 법이 없습니다. 아이가 재채기를 하면 바로 침대에 눕히고, 다시 건강해질 때까지 약을 주고, 따뜻한 차와 닭죽을 먹여 줍니다. 게자리 엄마의 자녀들은 추운 밤에는 두꺼운 스웨터를 입고 목도리를 둘러야 하며, 눈이 올 때에는 장갑을 끼어야 하고, 비가 오면 장화를 신어야만 합니다. 아이들이 게자리의 보살핌을 거부하려면 엄청난 의지력이 있어야만 할 거예요. 아이들이 바깥세상에 나가서 자기가 만인의 중심이 아니라는 것을 알게 되면 상당한 충격을 받을 것입니다. 게자리 어머니가 아이들에게 전념하고 헌신하는 태도는 그들이 살아가면서 현실적 문제에 부딪힐 때 든든한 버팀목이 되겠지만, 아이들을 어머니라는 보호 장치에 너무 의존하도록 길들이는 바람에 자기의 잘못을 객관적으로 보지 못하는 사람으로 키울 수 있습니다. 게자리 어머니가 아이들을 자기 치마폭에 너무 감싸는 것인지, 아니면 아이들이 자발적으로 묶여 있는 것인지 판단하기는 힘들 때가 많습니다. 게자리 어머니는 아이의 받아쓰기 시험지를 모두 모아

둡니다. 또한 아이가 크레용으로 그린 서툰 그림을 액자에 넣어서 벽을 가득 채우고, 아이가 갓난아이 때 신었던 신발을 잘 싸서 벽장에 넣어 둡니다. 게자리 부모에게는 그 신발의 작은 주름조차도 소중합니다. 게자리 부모는 아이들이 성장하는 과정을 사진처럼 생생하게 기억해 두었다가, 언젠가 아이들이 둥지를 떠나 훨훨 날아가고 나면 아이들이 세상에 태어났을 때를 추억할 것입니다. 그리고 자녀가 독립해서 나갈 때 이루 말할 수 없는 고통을 경험합니다. 게자리 여성은 자녀가 결혼해서 자기와의 고리가 끊어지는 것을 극도로 싫어합니다. 아이들을 너무 오래 붙들고 있는 경향이 있고, 자녀의 배우자가 되기에 충분한 자격을 갖춘 사람은 이 세상에 없다고 생각합니다. 게자리 부모의 자녀와 결혼하려는 사람은 가끔 까다로운 테스트를 거치기도 하지요.

하교 시간에 항상 아이를 마중 나가던 어떤 게자리 엄마가 있었습니다. 아들은 무슨 제트엔진을 단 로켓처럼 뛰어나와서는 학교 운동장을 낯 바퀴 열심히 돈 뒤에야 엄마에게 왔습니다. 하루는 함께 마중을 나간 이모가 운동장을 도는 아이를 쫓아가려고 했습니다. 엄마는 그런 이모를 말렸지요. "뛰어다니게 놔둬." 엄마는 조용하게 말했습니다. "자기 에너지를 발산하고 있는 거야. 다 뛰고 나면 올 거야." 마침내 아들이 엄마에게 와서 손을 잡고 이렇게 말했습니다. "이제 집에 가요, 엄마. 배고파요."

　　이 장면은 게자리 여성이 지닌 사랑에 대한 온갖 모습, 특히 결혼에 대한 태도를 잘 보여 줍니다. 흔들리지 않으면서 절대로 공격적이지 않은, 게자리의 이상한 소유욕이죠. 게자리 여성은 당신이 아무리 꿈을 좇아 멀리 가더라도 항상 다시 돌아올 것을 마음으로 알고 있습니다. 그래서 그녀는 언제나 차분하게 그 자리에서 기다린답니다. 세월이 흘러도 그녀는 달이 마법을 부린 것처럼 당신이 기억하고 있는 모습대로 아름다운 눈동자를 지니고 있을 것이고, 맛있는 냄새가 풍겨 나오는 부엌에서 오늘 일이 어땠는지, 기분은 어떤지 물어볼 것입니다. 일이 잘 안 풀려서 당신 기분이 안 좋으면 그녀는 농담을 하면서 기분을 풀어 줍니다. 그리고 당신의 허기진 배를 채워 주고, 당신이 좀 쉬고 나면 지혜로운 충고와 다양한 유머로 근심걱정을 잊게 해 줍니다. 잠시 후에 벽난로 앞에서 당신은 그녀의 고요한 얼굴을 쳐다보며 또다시 자문할 것입니다. "이 사람은 안개 자욱한 비밀의 화원에서 온 달의 여신일까, 아니면 이상한 괴짜일까?" 하지만 어느 쪽이든 그리 중요하지 않을 거예요.

게자리 어린이

♋

> "이럴 수가, 이럴 수가!
> 오늘은 모든 일이 너무도 이상해!
> 어제까지만 해도 보통 때와 다름없었는데."

게자리 아기는 기저귀를 가는 횟수만큼 기분도 자주 변합니다. 매번 놀라지 않으려면 이 구절을 어딘가에 적어 두세요. 게자리 아기에게는 세상이 한없이 새롭고 신기합니다. 아기는 맛있는 음식을 먹으며 황홀해하고, 작고 날카로운 자기 눈앞에 펼쳐지는 색색의 이미지를 보면서 좋아 어쩔 줄 몰라 합니다. 이 모든 것은 게자리 아기에게 잊을 수 없는 기억으로 남을 것입니다. 게자리 아기는 경험한 것을 절대로 잊지 않습니다. 나이가 들어서도 어린 시절의 느낌과 감정을 생생히 기억하고 정확한 이미지로 다시 그려 낼 수 있을 것입니다.

제가 지금까지 만난 중에 가장 사랑스러운 게자리 여성은 유럽 출신이었는데, 그녀는 아플 때면 어릴 때 들었던 러시아 자장가를 토씨 하나 틀리지 않고 부르곤 했습니다. 미국으로 이주한 지 거의 50년이나 되었는데도 잊지 않은 거예요. 보통 사람들이라면 어릴 때 들었던 자장가의 음조나 가사를 잘해 봐야 한 구절 정도 기억하겠죠?

아침에 눈을 떠서 밤에 잠들 때까지, 게자리 아이의 마음은 보고 듣는 것을 모두 기억하느라 분주합니다. 논리적인 언어를 구사하는 어른이 이런 게자리 아이를 따라 꿈의 달 동산에 오르거나, 눈부신 상상의 시냇물에 발을 담그기란 어려운 일이지요. 게자리 아이의 감정은 상상할 수 없을 만큼 풍부하고 다채롭지만, 그만큼 외로움도 잘 느낍니다.

게자리 아기와 노는 일은 무척 재미있습니다. 게자리 아이는 정말 웃기는 녀석이라서 재미난 표현으로 들는 사람을 웃게 하는가 하면, 무언가 혼잣말하는 듯한 표정으로 쳐다보기도 합니다. 그러고는 어느새 얼굴을 일그러트려 울고 인상을 쓰다가도, 이내 활짝 웃기도 합니다. 때로는 신비한 음악에 귀 기울이며 저 멀리 있는 세계와 교감하는 듯한 눈빛을 지을 때도 있지요. 이렇게 시시때때 변하는 표정을 지켜보는 것이 흥미롭기는 합니다만, 당신은 그 아이가 언제 어떤 표정을 지을지 알 수 있으면 좋겠다는 생각을 하게 될지도 모릅니다.

　　게자리 아이는 물고기자리보다도 감정적인 욕구가 강합니다. 또한 어린 시절의 가정환경은 게자리 아이에게 지대한 영향을 미칩니다. 모든 아이들이 그렇기는 하지만, 게자리 아이에게 그 영향력은 유달리 큽니다. 유아기부터 청소년기까지, 게자리 아이는 자기 부모와 형제자매들에게 민감하게 반응하고 많이 의존합니다. 그리고 부끄러움이 너무 많아서 내면의 욕구를 맘껏 드러내지 못할 것입니다. 하지만 내심 늘 자기에게 관심과 사랑을 쏟아 주고 안아 주기를 바라고 있지요. 가족이나 친척, 친구들로부터 관심과 인정을 받지 못하면 거부당했다는 사실만으로도 충분히 망가질 수 있답니다.

저에게도 7월에 태어난 가까운 친구가 있습니다. 어느 늦은 밤, 그 친구의 주방에서(게자리에게 가장 잘 어울리는 공간이지요.) 어린 시절 얘기를 하고 있었습니다. 그 친구가 말했지요.

"내가 초등학교 때 부모님이 용돈으로 1주일에 10센트나 15센트를 줬어. 하지만 나는 그걸 절대로 쓰지 않고 상을 주려고 모아 두었지."

"무슨 상?" 제가 물었습니다.

친구는 그 시절을 회상하는 듯한 눈빛으로 이렇게 말했습니다.

"매달 말에 나한테 제일 잘해 준 친구한테 50센트를 줬거든."

저는 처음에는 웃었습니다. 하지만 곧 친구들에게 친절한 대접을 받고 싶어서 군것질도 참았을 어린 소녀가 떠올랐지요. 그러고는 그 친구의 눈빛을 보고 더 이상 웃을 수 없었답니다.

게자리 아이는 사춘기 시절에야 이유 없는 반항을 할 수도 있지만, 대개는 다루기 쉬운 편입니다. 아이의 내면에는 생기발랄한 자아가 있어서 혼자서도 몇 시간이고 즐겁게 잘 놉니다. 상상 속의 친구에게 이름을 붙여 주고는 함께 진흙 파이도 만들고 상상의 꽃도 심고 카우보이나 인디언 놀이를 하기도 합니다. 이 가상의 친구들은 항상 말도 잘 듣고 예의도 바릅니다. 늘 게자리 아이에게 져 주고 불평 한 마디 없이 게자리 대장을 따릅니다. 가끔은 이 친구들이 몇 주 동안 사라질 때도 있습니다. 하지만 이웃에 사는 소꿉친구가 아이에게 상처를 주거나 지나치게 대장 노릇을 하려고 들면 언제든지 다시 나타나 줍니다. 게자리는 대체로 유순하고 조용하기는 하지만, 리더십을 추구하는 성향이 뚜렷한 별자리랍니다. 부드러운 감정과 친절한 태도에도 불구하고 게자리는 남을 따라가지 않습니다. 사고 방식도 매우 독립적이고 개인주의적인 경향이 있습니다.

당신의 자녀가 전형적인 게자리 아이라면, 자기 마음대로 하고 버릇이 약간 나쁜 아이로 자랄 수 있습니다. 우는 아이에게 떡 하나 더 주는 것이 부모 심정이니까요. 게자리 아이는 엄밀하게 말해서 칭얼대는 스타일은 아니지만 무시당하거나 부당한 대접을 받으면 많이 울 것입니다. 아, 눈물 얘기가 나왔네요. 사실 게자리 아이는 너무 많이 울어서 방을 수영장으로 만들 수도 있습니다. 마치 욕실의 수도꼭지를 잠그지 않은 것처럼요. 게자리 아이가 울 때는 따뜻한 연민으로 감싸 주어야 합니다. 아이의 정신건강을 위해서 꼭 필요하답니다. 그러지 않으면 마음이 메마른 어른으로 성장할 것입니다. 사랑을 쉽게 주지도 못하고 받지도 못하는 어른이 되지요. 늘 혼자 있고 싶어 하고, 친한 친구도 별로 없고, 나이가 더 들어서는 아예 은둔자가 될 수도 있습니다.

만약에 이렇게 예민한 게자리 아이가 있다면 함께 많이 웃고 울어 줘야 합니다. 아이의 두려움을 진정시켜 주는 것이 가장 시급하지요. 게자리 아이는 두려움이 무척 많을 것입니다. 굳이 목록으로 만들어 보지 않아도 무서워하는 것이 꽤 많습니다. 불 꺼진 깜깜한 방에서 혼자 잠드는 것도 무서워하고, 빨리 달리는 자동차나 큰 소음도 무서워할 것입니다. 낯선 사람이나 큰 동물, 너무 밝은 빛, 한 번도 먹어 본 적 없는 음식, 불이나 성냥, 천둥과 번개도 무서워할 수 있습니다.

대부분의 게자리 아이는 비가 오면 우울해집니다. 봄·가을에 내리는 소나기가 아이의 마음속에서 이상한 화학 작용을 일으키기도 합니다. 갑자기 시를 쓰거나 그림을 그리거나 음악을 작곡하고 싶은 마음을 불러일으키기도 하고, 작은 머리를 이불로 감싸고 엉덩이를 든 채로 부들부들 떨게 만들기도 합니다.

　이렇게 섬세한 아이에게는 공감을 많이 해 주어야 합니다. 그래야만 사랑스럽기 그지없는 예술적 재능을 제대로 계발할 수 있습니다. 어린 시절에 전폭적인 감정적 지지를 받았다면 아이는 인내심 있고 관대하며, 조용하지만 자신감 있고 열린 마음을 지닌 어른으로 성장할 것입니다. 그러나 반대로 관심과 이해를 받지 못하면, 아이의 내면에 자연스럽게 존재하는 연민과 부드러움이 뒤틀리고 꼬여서 끝내 자기연민에 빠지고 스산하고 음울한 어른으로 성장할 것입니다. 어린 시절에 게자리 아이가 가지고 있는 두려움에 적절하게 대처해 주지 못하면, 아이에게 비논리적인 편견과 증오심을 키워 줄 수도 있습니다. 게자리 아이가 어린 시절 정서적 성장에 제약을 받으면, 방어적으로 의심이 많거나 복수심에 가득 차거나 자기파괴적인 사람이 될 수 있습니다. 감정 변화가 심하고 스스로 불행하다고 느끼는 게자리 어른들에게 인생의 기쁨이란 그저 돈을 잘 버는 것 정도입니다. 우울한 게자리 어른은 자기의 잠재 능력을 계발해야겠다고 극적인 결심을 하지 않는 한, 어제도 오늘도 별다를 것 없는 심심하고 재미없는 인생을 살게 됩니다. 섬뜩한 일이죠? 하지만 어린 시절을 잘 보내면 게자리 아이가 가진 달의 심장을 사랑으로 넘치게 할 수 있답니다.

이렇게 예민한 아이들은 상처받거나 무시당하는 상황을 상상하는 것만으로도 자기가 거부당한다는 느낌을 받을 수 있습니다. 이 점을 꼭 기억하시기 바랍니다. 게자리 아이에게는 자기가 착하고 똑똑하며 예쁘고 잘생기고 사랑받고 있으며, 또한 사람들에게 꼭 필요한 존재라는 확신을 주어야 합니다. 대다수 부모가 이런 점을 눈치 채고 있기 때문에, 게자리 아이는 집에서 응석받이로 자라는 경우가 많습니다. 그래서 나중에 어른이 되어, 사실 이 세상은 자기의 개인적 욕망에 냉정하고 무심하다는 사실을 알게 되면 큰 충격을 받습니다. 대부분의 게자리는 어머니와 관련하여 좋은 추억을 많이 가지고 있습니다. 나이가 들어 가면서 어머니라는 존재를 성역화하는 경우도 많습니다. 놀랄 일은 아닙니다. 어머니

만큼 자기를 잘 돌보아 줄 사람은 없을 테니까요. 게자리 아이를 키우다 보면 한 가지 큰 딜레마에 빠지게 됩니다. 엄하게 대해서 비뚤어지게 만들 것인가, 아니면 유하게 대해서 응석받이로 만들 것인가 하는 의문이죠. 그 중간 지점을 찾기란 결코 쉬운 일이 아닙니다. 이 때문에 며칠을 뜬눈으로 지새우며 고민하기도 할 것입니다. 해답은 마음을 느긋하게 먹는 데에 있습니다. 사랑으로 그 방법을 찾게 될 거예요. 필요하다면 과감하게 매를 들기도 하고, 또한 항상 많이 안아 주고 뽀뽀를 하는 등 신체 접촉을 통한 애정 표현을 많이 해 주어야 합니다.

선생님들은 게자리 아이가 역사 과목에 매우 뛰어나다는 것을 알게 될 것입니다. 게자리 아이는 날짜와 사건을 잊는 법이 없습니다. 그 이유는 마치 거울처럼 투명한 감각 때문인데, 게자리 아이는 오래 전에 있었던 사건을 책에서 접하기만 해도, 자기가 그 현장에 있었다고 거의 믿어 버립니다. 토머스 제퍼슨이나 에이브러햄 링컨이 살아 돌아와 그 시절 이야기를 들려 준다고 해도 전형적인 게자리 아이들만큼 생생하게 이야기하지는 못할 것입니다. 마치 자신이 직접 렉싱턴 전쟁과 독립 선언 현장에 있었고 실제로 요새에서 포탄을 본 것처럼 설명합니다. 상상력을 동원해서 세세한 내용도 복원해 냅니다. 이 예민한 아이들이 커서 연극을 하거나, 사진작가가 되거나, 음악이나 미술에서 명성을 날리는 것이 쉽게 이해되는 대목이지요. 이 아이들을 가르치는 입장에 있는 사람들이야 가끔 아이들이 고집을 부리거나 몽상에 빠진다고 불평하겠지만, 정말 심각한 문제로 비화되는 경우는 별로 없습니다. 조금 과장하는 아이들이 있기는 합니다. 예를 들어, 게자리 남자 아이는 자기 집 현관에서 넘어져 생긴 상처를 설명할 때 숲 속에서 위험한 곰에게 공격을 받았다고 할 수도 있습니다. 식구들과 사소한 말다툼을 한 여자 아이는 잔인한 부모 때문에 저녁도 못 먹고 감금당했다고 슬프게 얘기할 수도 있고요. 하지만 풍부한 상상력을 가진 게자리 아이들이 모험 이야기를 읽고 깊은 감명을 받았으리라는 점을 감안해 보면 이런 허풍쯤은 충분히 예상할 수 있는 일이지요. 가상의 비극이 아니라 실제로 마음에 상처를 받으면 전형적인 게자리 아이들은 일반적으로 말이 없어지고 그 일에 대한 언급을 회피합니다. '진짜로 상처를 받은 자는 말이 없다.'라는 오래된 중국 속담도 있지요.

행복한 게자리 아이는 천칭자리처럼 가족의 식비 중에 상당한 몫을 차지해서 별명이 '돼지'인 경우가 많습니다. 우울하고 불안한 게자리 아이는 반대로 '말라깽이'라는 별명을 가지게 됩니다. 하지만 게자리 아이는 놀림을 받으면 안 되는 아이들이기 때문에, 별명을 붙여 주지 않는 것이 좋습니다.

대부분의 게자리 청소년은 아르바이트를 무척 하고 싶어 해서 다양한 일거리를 찾아 동네를 샅샅이 뒤집니다. 어려서부터 잔디 깎기나 거리 청소 또는 아기 돌보는 일을 시작할 것입니다. 빈 병을 반납하고, 빨래 너는 일이나 청소를 도와주고, 동네 모퉁이에서 빙수를 파는 등 용돈을 벌 수 있는 일이라면 어떤 일이든 합니다. 1센트, 5센트, 10센트, 25센트짜리 동전이 모여서 마침내 1달러가 되면 그 돈을 대부분 저축합니다. 나중에는 부모가 용돈을 적게 줘도 될 만큼 다른 아이들보다 더 빨리 자기 용돈을 벌어서 쓰고 스스로도 이를 뿌듯하게 생각할 것입니다. 여러 면에서 집안 살림에 도움을 주는 아이들이지요. 게자리 아이는 대학에 가서도 일을 합니다. 남자 아이들은 비즈니스 세계에 왕성한 호기심을 가지게 될 것입니다. 여자 아이들도 돈과 관련해서 남다른 면모를 보이겠지만, 보다 많은 시간을 인형과 놀거나 빵을 굽는 데에 할애하면서 미래의 엄마 역할을 훈련할 것입니다.

게자리 아이는 재미있는 농담과 전염성 있는 웃음으로 당신을 즐겁게 해 줄 것입니다. 할로윈 가면 같은 재미있는 표정을 짓기도 하며 삶의 모든 면에서 유머를 찾아냅니다. 가능하다면 정원에 아이만의 작은 공간을 만들어 주세요. 아이는 여러 가지 식물을 심어 놓고 자라는 것을 지켜볼 것입니다. 게자리 아이는 친척 중 누가 아프거나 가족 누군가가 경제적으로 어려워지면 많이 걱정해 줄 것입니다. 친구나 이웃에게도 마찬가지예요. 청소년기에 접어든 게자리 아이는 고난을 헤치고 훌륭한 업석을 세우는 엉웅 이야기를 담은 책을 좋아하고 동물을 아끼며 잘 보살필 것입니다. 하지만 자신이 학대받는다고 느끼면 그 잔인함을 주위에 되돌려주고 전파

시키는 경향이 있으며, 고양이를 발로 걷어차는 것 같은 공격적인 행위로 자기보다 약한 존재에게 화풀이하기도 합니다. 조금 더 자라면 때로 게자리라는 이름에 걸맞게 다소 괴팍해지기도 하겠지만 몇 시간 지나지 않아 이내 사랑스러운 달의 미소를 지을 것입니다.

잠자리에 들도록 불을 끄려고 하면 쪼르르 달려와 물 한 잔만 더 달라고 조르는 꼬마가 언제쯤 당신 곁을 떠나게 될지 궁금해지겠죠. 재미있고 상상력이 풍부한 작은 게가 자기 가정을 꾸리기 위해 집을 떠나면, 집이야 그대로 남아 있겠지만 아이의 울음소리와 웃음소리는 온데간데없이 사라질 것입니다. 하지만 아이의 기억 속에서 집이 사라질까요? 게자리라면 그렇지 않습니다. 세월이 흐르면, 아이는 드넓은 바다를 항해하게 되겠지요. 하지만 아이의 옷장 안에, 아이가 어느 날 당신과 다투고 난 뒤 당신에게 주었던 콩주머니를 계속 보관해도 됩니다. 또 아이가 가지고 놀던 헝겊인형을 창턱에 올려 두어도 좋습니다. 게자리 아이는 오래된 기억과 재회하기 위해 자주 집에 올 것입니다. 게자리 아이는 과거로부터 아무리 멀리 떨어져 있어도 언제나 원하기만 하면 어렵지 않게 어머니의 집으로 돌아올 수 있는 곳에 정착해서 살 것입니다. 그러니 늘 쿠키를 구워 두는 게 좋겠죠.

게자리 사장

하얀 기사는 잠시 쉬었다가 말을 다시 이었다.
"너도 알다시피 모든 것에 대비하는 것이 좋아.
말이 발 주위에 발목 장식을 하고 있는 것도 다 그런 이유지."
앨리스가 호기심 어린 말투로 물었다.
"무엇 때문에 하는 건데요?"
"상어에게 물리는 걸 막기 위해서지."
하얀 기사가 대답했다.

게자리가 유머 감각이 있다는 것을 알게 된 당신은 어쩌면 이런 생각을 할지도 모릅니다. 게자리 사장이 경영하는 회사는 날아다니는 색종이나 와인을 따라 줄 소믈리에만 없을 뿐이지, 정말 환상적인 곳일 거라고 말입니다. 직원들은 하나같이 모두 정직하고 사장은 재치있는 농담을 밥 먹듯이 하는 개그맨이어서, 출근길이 마치 나이트클럽으로 놀러가는 길 같을 거라고 생각할지 모릅니다. 하지만 글쎄요. 그렇게 상상하셨다면 큰 착각이랍니다.

텔레비전 방송국 직원이거나 코미디 프로그램에서 일한다면 위와 같은 상황이 벌어질 수도 있겠지요. 하지만 그게 아니라면 얼른 어깨에 붙어 있는 색종이 조각을 털어 내고 넥타이를 고쳐 매는 것이 좋습니다. 농담도 잊어버리세요. 게자리 사장은 늘 심각하고 누구보다 열심히 일할 뿐더러 직장에서는 전혀 웃지 않는답니다. 게자리 사장의 직장 유머는 자신감 넘치는 경쟁자가 도전해 오는 것을 비웃을 때나, 아니면 당신이 능력을 입증하기도 전에 급여를 두 배로 올려 달라고 할 때 묘하게 짓는 미소 같은 것들입니다. 이런 상황은 정말 게자리 사장이 보기에 너무 웃기는 상황인지라 웃지 않을 수 없지요. 이 외에는 크게 웃을 일이 없습니다. 게자리 사장의 유머 감각은 그의 사무적인 얼굴과 새하얀 와이셔츠 뒤에 그대로 존재하지만, 직장에서는 그 감각을 거의 발휘하지 않습니다. 직장에서 웃는 경우는 누군가가 실수를 연발할 때나, 아니면 초조해하는 누군가를 편하게 해 주려고 할 때랍니다. 이럴 때는 매우 친절한 말투를 사용합니다. 하지만 하루 8시간 중에 7시간 59분 동안은 유머는커녕 심지어 엄숙하기까지 합니다.

게자리 사장이 마치 『톰 아저씨의 오두막』에 나오는 노예 매매 업자 사이먼 같은 이미지라고 겁을 주려는 것은 아닙니다.(물론 실제로 사이먼과 같은 게자리 사장도 제법 있습니다.) 게자리 사장 밑에서 일할 때에는, 열심히 아첨이나 하면서 2인자 역할에 만족하려 들기보다는, 차라리 바지에 주름을 한 번 더 잡고 머리를 단정하게 넘기고 두뇌에 기름칠을 하는 것이 더 안전하다는 뜻입니다. 당신이 잘 보이려고 하는 그 1인자는 사장실 마호가니 책상 뒤에 앉아 있을 때만은 유머 감각이 전혀 없습니다. 그리고 그 책상 한 편에는 모친의 사진이 있고 다른 한 편에는 가족사진이 놓여 있지요. 게자리였던 캘빈 쿨리지 *가 주재하는 내각 회의에서 누군가가 그에게 "어제 같이 있던 그 여자는 누구야?"라고 말했다면 어떻게 되었을지 상상이 가시나요? 제가 아는 어떤 사람이 회사에서 중요한 고객에게 선적 일자를 잘못 전달하는 실수를

* 캘빈 쿨리지(Calvin Coolidge, 1872~1933) : 미국의 제30대 대통령.

한 적이 있습니다. 그의 게자리 사장이 큰맘 먹고 친절하게도 그에게 해명할 기회를 주었는데, 그 직원은 아주 발랄하게 이렇게 말했습니다. "사장님, 진심으로 제 어리석음을 뉘우치고 있으니 며칠만 더 시간을 주시면 훌륭한 변명거리를 만들어 오겠습니다." 코미디 무대에서라면 통했을지도 모르지만, 하필이면 게자리 사장 앞이었네요. 얼굴에서 미소를 거둔 게자리 사장은 그 직원을 바로 해고했답니다.

당신이 그 직원의 전철을 밟지 않기를 바랍니다. 게자리 사장은 오직 한 가지 목적, 돈을 벌기 위해 사업을 합니다. 그게 전부예요. 지폐는 주로 녹색이고 한쪽 구석에 금액을 나타내는 숫자가 쓰여 있지요. 그 숫자는 힘과 특권 그리고 호화로움을 상징합니다. 당신은 열심히 일한 대가로 이런 것들을 얻을 것입니다. "열심히 일할수록 그 숫자는 커진다." 이 슬로건이야말로 게자리 사장의 껍질 속에 있는 철학입니다. 당신도 이 철학에 동의하는 것이 현명하겠지요.

게자리 사장이 고지식하다고 생각하시나요? 게자리 사장이 좀 더 느긋한 태도로, 빈둥거리는 직원들을 너무 엄하게 대하지 않고 보다 우호적인 분위기를 만든다면, 더 성공할 수 있고 또한 그 자신이 더 행복해질 수 있다고 생각하시나요? 재계 명사 인명록을 한번 살펴보시죠. 여름에 태어난 사람들이 제일 많고, 그 중에서도 7월생이 가장 많을 것입니다. 이제 '게자리를 알아보는 방법' 장의 맨 마지막에 있던 이름들을 다시 살펴보세요. 게자리 사장들이 뭔가 제대로 하고 있다는 것을 알게 될 것입니다. 게자리 사장은 교역에 타고난 재능이 있습니다. 말이든 주식이든, 사고파는 대상이 무엇인지는 상관없습니다. 이들은 사람들이 무엇을 원하는지 노련하게 파악하고 공급하면서 상당한 이윤을 남깁니다.

게자리 사장이 돈에 대한 열망 때문에 자기가 원하는 공부를 뒤로 하고 자수성가하는 경우도 많습니다. 그렇지 않다면 틀림없이 대학에 다니는 동안 아르바이트를 해서 돈을 저축했을 것입니다. 대학 시절뿐 아니라, 일고여덟 살 때부터 가게에서 우유나 빵을 사 오는 심부름을 하고는 엄마에게 용돈을 받았을 것입니다. 사장에게 처음으로 월급 받는 일을 시작한 때가 언제인지 물어보세요. 아마도 놀라게 될 것입니다. 사장은 그런 질문을 하는 당신을 좋게 볼 것입니다. 당신을 생각이 제대로 박힌 사람이라고 평가하고, 존중해 줄 것입니다. 게자리 사장은 기억력이 대단해서 어떤 일도 좀처럼 잊지 않습니다. 당신이 몇 시에 출근하는지, 몇 시에 퇴근하는지, 화장실에 몇 번 다녀오는지까지도 모조리 기억하고 있습니다. 하지만 반대의 경우도 기억한답니다. 당신이 야근을 몇 번 했는지, 중요한 계약 건으로 주말을 반납하고 내내 자기를 도와준 날이 며칠인지까지 모두 기억해 두었다가, 그에 상응하는 보상을 해 줄 것입니다.

게자리 사장은 부모로부터 부와 사회적 지위를 물려받더라도, 그 영광에 안주하는 경우는 거의 없습니다. 스스로 부를 축적할 수 있다는 것을 증명하려고 하지요. 하지만 탐욕스러운 사람은 아닙니다. 게자리 사장은 마음에서 우러나오는 동정심으로 자선을 베푸는 사람입니다만, 이런 일을 무턱대고 하지는 않을 뿐이지요. 그에게 있어 자선의 대상은 우선 가족입니다. 그 다음이 사업과 관련된 부분이고, 그 다음이 당신을 포함한 나머지 사람들이죠. 그럴 만한 자격이 있는데 아무에게도 도움을 받지 못하는 사람이 있을 때, 게자리만큼 후한 인심과 재정적인 관대함을 베풀 사람은 없답니다. 게자리가 뭔가 베풀 때에는 규모가 작지 않습니다. 단지 성급하게 판단하지 않는다는 것만 기억하세요. 게자리는 마음이 부드럽지만 머리까지 부드러운 사람은 아니랍니다.

실제로 게자리 사장은 매우 예민하고 부드러우며, 기본적으로 불안정한 사람입니다. 그가 집요하게 사회적 성공을 추구하는 이유는 내면에 있는 여러 가지 형태의 두려움을 진정시켜 주기 때문입니다. 그는 당신이 생각하는 것보다 훨씬 자주 마음에 상처를 받는 편이고, 한번 상처를 받으면 자기의 딱딱한 껍질 속으로 들어가 버립니다. 자기가 원하는 것을 얻지 못할 때에도 이런 식으로 방어를 하는 편인데, 이런 모습이 강점으로 작용할 때가 종종 있습니다. 사람들은 껍질 속으로 들어가 버린 게에게 동정심을 느끼잖아요? 그를 달래서 다시 밖으로 나오게 하려는 사람은 아마도 상당히 중요한 것을 그에게 약속하고 말 것입니다.

게자리 여성이 회사를 경영하는 경우도 많이 있습니다. 당신이 만나는 게자리 여성들은 대부분 직장 생활을 해 보았거나, 지금도 하고 있거나, 아니면 현재 당신을 고용하고 있는 사람일 것입니다. 게자리 여성의 삶에서 사랑은 일이라는 라이벌 때문에 우선순위에서 밀려나기 쉽습니다. 게자리 여성은 감정적인 안정감만으로는 행복해하지 않습니다. 가끔 스스로 그런 착각을 하는 경우가 있기는 합니다. 모든 게자리에게 있어 행복이란 돈과 사랑의 합작품입니다. 대부분의 게자리 여성은 가사노동을 몹시 싫어합니다. 부엌에서 시간 보내기를 좋아하는 성향은 부엌에 대한 애정 때문입니다. 실제로 게자리 여성은 집 안에서 지루하게 매일 쓸고 닦는 가사노동을 반복하기보다는, 그 예민한 감각을 발휘하여 남성들의 세계에서 경쟁하는 것을 더 좋아합니다. 당사자들은 아마 이 사실을 인정하기 싫어할 테고, 또한 게자리 여성이 관장하는 집안은 그런대로 살기에는 충분히 쾌적한 상태로 관리되고 있을 것입니다. 하지만 그것은 가정에 대한 애정과 보호 본능이 더할 나위 없이 크기 때문이고, 가사노동 자체를 즐기는 것은 아닙니다. 필요한 일은 하지만, 쓸데없이 가구에 광을 내지는 않죠. 대부분의 경우 게자리 여사장은 바지와 와이셔츠를 입지 않고 넥타이를 매지 않는다는 정도의 차이를 제외하고는,

남성 게자리 사장들과 기본적으로 다를 게 없습니다. 게자리 여사장은 자기의 부드러운 마음과 딱딱한 껍질을 감추기 위해 온화한 미소를 띠면서 주로 여성스럽고 우아한 옷을 입습니다.

게자리 사장은 모두 직원들의 감정에 대해서 놀라울 정도의 통찰력을 지니고 있습니다. 이들은 당신이 하는 모든 말을 정확하게 이해합니다. 여기서 그치지 않고 정말 신기하게도 당신이 입 밖에 꺼내지 않은 말까지 감지하기 때문에, 당신은 마음속으로 혼잣말을 할 때에도 조심하는 것이 좋습니다. 게자리는 실제로 외롭게 지내는 경우가 별로 없습니다. 가끔 변덕스럽거나 우울해져 있을 때에는 외로운 듯이 행동하지만, 사람들에 둘러싸여 지낼 때가 훨씬 많습니다. 외로움을 두려워하니까요. 단, 어린 시절에 받았던 심각한 마음의 상처 때문에 외톨이를 자처하며 지내는 사람들이 있습니다. 이들은 혼자 지내는 것이 비참하더라도 그것을 깨닫지 못할 수 있습니다.

게자리 사장 밑에서 일하면 좋은 점이 많습니다. 다른 곳에서라면 1년 걸려서 배울 덕목들을 한 달 만에 배울 수 있습니다. 그 덕목들 중에서 가장 중요한 것은 배려심이지요. 게자리 사장은 또한 흥정의 귀재입니다. 약삭빠르게 저울질하지만 그 와중에도 공정합니다. 잘 나가는 회사들과 경쟁하는 일과 순진한 사람들을 이용하는 일은 다른 문제입니다. 게자리 사장은 기본적으로 친절하고 인품이 훌륭해서, 잔인함과 불행에 대해서 깊은 동정을 느끼는 사람입니다. 호의와 연민은 게자리 사장에게 아주 친숙한 말들이지요. 이 두 단어는 게자리 사장이 지닌 덕목입니다. 일을 그르쳤어도 당신이 정직한 마음을 가졌고 당신의 동기가 불순하지 않다면, 게자리 사장은 당신을 아낌없이 지원해 줄 것입니다.

　　게자리는 눈을 크게 뜬 채로 오래 기다릴 줄 압니다. 그의 머리가 방심하지 않고 실용적인 태도를 유지하는 동안 그의 마음은 달빛 같은 마법의 꿈을 꿉니다. 그는 꿈속에서 흥미진진하고 매혹적인 세계 일주를 하기도 하고, 사업에 크게 성공해서 인류공영에 이바지할 과학 연구를 후원하기도 합니다. 하지만 게자리 사장의 꿈은 언제나 탄탄한 기반을 토대로 합니다. 게자리의 시는 아름다우면서도 실용적입니다.

농담을 하고 싶다면 업무 시간에 하지 말고 점심 시간에 하세요. 평범한 사람들에 대한 이야기이면서도 깊이가 있는 농담이라면 게자리 사장이 아주 재미있어 할 것입니다. 게자리 사장이 정말로 좋아하는 것이 무엇인지 알게 될 것입니다. 사장의 눈을 주의 깊게 살펴보세요. 게자리의 웃음소리가 어떤 의미를 담고 있는지 알게 될 것입니다. 따뜻한 마음을 딱딱한 껍질 안에 숨기고 있는 참을성 많은 게자리만이 사람들이 가지고 있는 내면의 두려움과 상처에 대해 밝고 용감한 해답을 줄 수 있답니다.

게자리 직원

♋

"세 자매는 물 긷는 법을 배우면서 여러 가지를 길어 올렸지.
'리'자로 끝나는 것은 전부 다…"

게자리 직원은 성실하게 당신을 위해 일하는 사람이기 때문에 부하 직원으로 두면 언제나 좋습니다. 그는 명예나 헛된 망상을 좇아 일하거나 리셉션 여직원에게 수작이나 걸려고 회사에 나오는 사람도 아닙니다. 절대로 직업을 자아실현의 수단만으로 여기지도 않고, 휴식 시간만 기다리며 업무 시간에 그저 농땡이 부릴 생각도 하지 않습니다. 게자리 직원은 세상에서 가장 단순한 이유,

바로 안정을 위해서 일합니다. 안정은 물론 급여를 의미합니다.

　게자리 직원의 급여가 왜 계속 올라야 하는지 이제 이해했을 것입니다. 게자리 직원은 시간이 지나면서 경험을 쌓고, 충성심을 입증하고, 자기의 재능이나 능력을 보여 줄 것입니다. 그리고 그에 따라 급여도 더 오를 것으로 기대합니다. 게자리 직원은 항상 자기가 일한 만큼 받아야 하는 사람들이라서, 스스로 꾸준히 성과를 키워 나갑니다. 그에 따라 봉급도 상향 조정되어야 합니다. 그렇지 않으면 일을 그만두거나 다른 곳으로 이직을 하는 등 게자리 본성에 반하는 행동을 할 수밖에 없습니다. 게자리는 칫솔, 오래된 위문편지, 구두 끈, 양말, 여자친구, 못 쓰는 볼펜, 또는 직업까지도 절대로 쉽게 버리지 못합니다. 게자리는 한번 잡은 것을 꽉 잡고 절대로 놓지 않으려 하기 때문에 억지로 놓게 만들 수는 없습니다. 믿음직스럽고 끈기 있는 게자리의 천성은 조직 생활과 업무 수행에 중요한 기질일 뿐더러 성공을 추구하는 데에도 매우 도움이 됩니다. 중간에 예상치 못한 시련을 맞닥트리면 두려워하면서 깊은 상처를 받을 수도 있지만, 그런 감정의 흔들림은 딱딱한 껍질 속에 잘 숨겨 놓을 것입니다. 게자리는 분명히 부드러운 모습에도 불구하고 활동력이 강한 별자리입니다. 다시 말해 게자리는 누군가에게 지시를 받는 사람이 아니라 리더가 되어야 하는 사람이라는 뜻입니다. 이들은 필요하다면 사장의 지시를 고분고분하게 받아들입니다. 하지만 정중하고 자발적으로 지시를 따르는 모습 뒤에 무엇이 있는지 잊으면 안 됩니다. 게자리가 누군가에게 복종하는 이유는 자기만의 은밀한 목적을 이루기 위해서입니다. 현재 하고 있는 일은 자기가 구상하고 있는 거대한 건축물의 초석이 될 것입니다. 그 구조가 탄탄하게 완성되고 나면 그 직원은 회사를 장악하고 자기의 뜻을 펼칠 것입니다. 게자리 직원은 언제나 임원을 목표로 하고 있답니다. 한 순간도 이 목표를 잊지 않습니다. 사장의 입장에서도 게자리의 이런 야망을 염두에 두고 있는 것이 좋겠지요.

벽돌을 하나씩 쌓아서 높은 건물을 지으려는 게자리 직원의 강한 집념이 권력에 대한 열망에서 비롯되는 경우는 거의 없습니다. 명성이라는 것이 염소자리에게는 동기 유발이 되지만 게자리에게는 자극이 되지 않습니다. 양자리가 중요하게 여기는 자존심도 게자리에게는 별로 중요하지 않습니다. 게자리가 돈을 모으고 흔들리지 않는 높은 위치에 서고 싶어 하는 것은 다른 이유 때문입니다. 게자리에게는 미래가 안전하다는 확신이 필요합니다. 이런 안도감을 확보한 이후에야, 비로소 자기의 마음이 늘 닿아 있는 과거에 대한 향수 속에서 실컷 지낼 수 있겠지요. 그런데 그러려면 돈이 필요합니다. 비싼 골동품도 사고, 웅장한 고택에서 우아한 저녁 식사도 차려야 합니다. 작가의 친필 서명이 들어간 작품도 모아야 하고, 조상들의 초상화를 걸어 둘 고급스러운 액자도 사야 합니다. 클래식 음악을 들을 좋은 오디오도 돈이 적잖이 들어갑니다. 게다가 가세가 기운 친척이 자기 집에 얹혀살게 되면 그들을 부양해야 하고, 자녀들을 키우는 데에도 여러 가지로 돈이 많이 들어갑니다. 뿐만 아닙니다. 게자리는 이 밖에도 현실적이든 상상이든 간에 다양한 두려움을 가지고 있습니다. 이 두려움은 자신감을 저하시키고 능력이 부족하다는 느낌이 들게 하기 때문에, 손에 쥔 든든한 권한과 리더십을 마치 진통제처럼 복용하게 되는 것입니다.

게자리 직원에게 필요한 것이 한 가지 더 있습니다. 바로 애정입니다. 물론 사장이 책임질 문제는 아닙니다만, 알고 있으면 도움이 될 것입니다. 언젠가 회사의 재정을 긴축하기 위해 봉급을 인상하는 대신 따뜻한 감사의 연설로 직원들이 회사에 좀 더 오래 남아 있도록 유도해야 할지도 모릅니다. 물론, 감사의 말로 게자리를 위로할 수는 있어도 그의 은행 잔고에 대한 정서적인 집착까지 달랠 수는 없겠죠?

그러니 버릇처럼 "지금은 당신 급여를 줄 수 없지만 그래도 내가 당신을 많이 아끼고 있는 거 알고 있지?"라고 말하면 곤란합니다. 한 번 두 번 반복되면 게자리 직원은 당신의 동기를 오해하기 시작할 것입니다. 즉, 당신이 진실하지 못하다고 생각할 것입니다. 게자리 여성 직원에 대해서도 조심해야 하는 부분이 있습니다. 게자리 여성은 낯선 사람에게 수줍음을 타고 부끄러워하지만, 누군가가 자기에게 연애 감정을 가지고 있으면 아무리 숨기고 있어도 금세 알아차립니다. 게자리 여직원이 미혼이라면 고용주인 당신도 미혼이기를 바랍니다. 게자리 여직원은 부드러우면서도 끌어당기는 듯한 눈빛을 가지고 있어서 그 유혹에서 벗어나는 데 꽤나 시간이 걸릴 테니까요. 결혼한 직원이라면 당신에 대한 존경심이 생길 때까지 매우 쌀쌀맞은 태도로 톡톡 쏠 것입니다. 게자리 직원들에게는 사랑을 주되 사적인 관계로 가까워지지 않도록 거리를 잘 조절하세요. 구체적인 방법은 당신이 풀어야 할 숙제랍니다.

게자리였던 포스터가 쓴 〈켄터키 옛 집〉처럼, 집이라는 상징물은 어떤 식으로든 게자리 직원의 삶에 끼어듭니다. 게자리 비서의 어머니는 딸과 점심을 함께 하려고 자주 회사에 들를 것이고, 오랫동안 백화점에서 책임감 있게 일해 오던 직원은 아들이 아프다고 갑자기 회사를 그만둘지도 모릅니다. 게자리 영업사원은 총각 시절에는 출장을 꺼리지 않지만(물론 어머니를 돌봐 줄 사람은 있어야겠죠.) 기혼자라면 출장이나 급한 업무로 주말을 반납하는 것을 별로 달가워하지 않을 것입니다.

최근에 연인하고 결별했거나 이혼한 게자리 직원이 있다면 최소 몇 주 동안은 일에 집중하지 못할 것입니다. 그로 인해 회사 분위기가 침울해지기도 합니다. 만약 여

직원이라면 화장실에 티슈를 두 배로 사 두어야 합니다. 회사에서도 가끔 눈물을 흘리고 어쩌면 법원에서 많은 시간을 보낼지도 모릅니다. 판사는 그녀가 상당한 위자료를 받도록 결정하고 싶겠죠. 아이들 양육비 문제가 걸려 있다면 한 달이라도 회사를 결근할 수 있습니다. 가족이 와해되는 것도 견디기 힘든 일이지만, 경제적인 안정을 위협받으면 그녀는 온 힘을 다해 필사적으로 균열을 막으려고 합니다. 게자리 여성과 남성 모두 결혼 생활이 깨지면 매우 힘들어합니다. 가정에 대한 게자리의 집착 때문에 사무실 책상 한쪽에 이런 글귀를 걸어 둘지도 모릅니다. '집은 내 마음이 있는 곳이다.' 그 글귀 아래에는 연보라색 벨벳 바탕에 희귀한 동전을 붙여 놓고 반짝이는 은색 테두리를 둘러놓을 것입니다. 그게 어떤 의미냐고요? 게자리라면 알 거예요.

　　게자리 직원과 상의하고 싶은 일이 있거나 그 직원을 설득할 일이 있을 때에는 그를 점심이나 저녁 식사에 초대하는 것이 좋습니다. 게자리는 식사에 초대해 주는 사람을 좋아합니다. 자기가 밥값을 계산하지 않아도 될뿐더러 음식은 바로 안정감 그 자체이기 때문입니다. 눈빛이 반짝이는 것을 지켜보세요. 대식가는 아닐지라도 음식이 많이 있으면 그는 보다 유순하고 평온해질 것입니다. 시내에서 가장 좋은 식당으로 데리고 가세요. 자신이 계산하지 않을 때에는 고급스러운 식당을 좋아한답니다.

게자리 직원은 근면 성실합니다. 어떤 환경에서든 끈기 있고 믿음직한 사람들이지요. 단, 예외가 있습니다. 게자리는 물의 별자리라서 온갖 종류의 술을 좋아합니다. 출생차트 상에 충돌하는 행성이 있을지라도 이를 뒷받침하는 증거가 여럿 있습니다. 음주 습관에 문제가 있는 경우는 드물지만, 게자리 직원이 혹시 너무 자주 미친 듯이 웃어 댄다거나 끊임없이 눈물을 흘린다면 한 번쯤 의심해 봐도 좋습니다. 휴식 시간에 커피보다 좀 더 강력한 것을 마실지도 몰라요. 그렇다고 물의 별자리인 물고기자리, 전갈자리, 게자리 사람들에게 자제력이 부족하다는 고정관념을 가질 필요는 없습니다. 이런 시기에 태어난 사람들이 다른 사람들보다 더 자주 슬픔에 젖어 있는 것은 사실이지만, 통계적으로 그렇다는 것이지 반드시 그렇다는 것은 아닙니다. 당신이 만나는 게자리들은 대부분 냉철할 것입니다. 실제로 너무 냉철해서 칵테일이라도 한 잔 마시고 좀 느긋해졌으면 하고 바라게 될 것입니다.

　게자리 직원은 업무에 매우 진지하게 임합니다. 특히나 책임감 있는 지위에 있다면 훨씬 더 진지해질 것입니다. 게자리의 유머 감각은 따뜻하고 경이롭고 인간의 본성에 대한 섬세한 통찰력이 있습니다. 하지만 누군가가 농담으로 약점을 건드리면 심하게 상처를 입습니다. 따뜻한 마음씨에 예리한 통찰력을 가진 게자리가 유머라는 가면을 쓰고 있는 한, 타인에게 상처를 입히는 일은 없습니다. 전형적인 게자리 직원은 업무 시간에 농담을 하지 않지만, 저녁 회식 자리에서는 전채 요리가 나올 때부터 후식을 다 먹을 때까지 당신을 계속 웃게 만들 수 있습니다. 게자리는 비할 데 없이 매력적인 대화 상대이지만, 기분이 우울할 때에는 한 시간이 지나도록 기껏해야 몇 마디밖에 하지 않습니다. 밉상스럽지는 않게 입을 삐죽거리기도 할 것입니다. 하지만 이들의 말은 흡인력이 강해서 사람의 마음을 움직이는 능력이 있습니다. 당신의 감정도 쉽게 흔들어 놓을 수 있답니다.

게자리는 상대방의 감정을 잘 느낍니다. 친구가 필요할 때 게자리 친구만큼 부드럽고 연민을 갖는 사람은 없지요. 하지만 자기에게서 정서적인 것이든 물질적인 것이든 무언가를 빼앗으려 한다는 의심이 들면, 또 게자리만큼 괴팍해지는 사람도 없습니다. 은행 잔고가 충분하지 않을 때에는 몇 시간이고 시무룩하게 인상을 쓴 채 침묵하고 있을 것입니다. 주변의 누군가가 자기의 위치를 넘본다는 생각이 들면 매우 유치하게 행동하기도 합니다. 이것은 소유권을 위해 목숨을 건 싸움이 시작되었다는 나팔 소리 같은 것이지요. 게자리가 승리할 때까지 그 상대는 전쟁이 선포되었는지조차도 모를 것입니다. 게자리는 제임스 본드와 셜록 홈스를 합친 것보다 더 비밀이 많습니다. 결코 자기의 움직임을 사전에 예고하는 법이 없고, 자기에게 절대로 해가 되지 않을 아주 가까운 사람들을 제외하고는 내면의 생각을 거의 드러내지 않는답니다.

게자리는 자기의 타고난 능력을 발휘할 수만 있다면 어떤 일이든 잘해 냅니다. 상품 판매나 무역, 제조 또는 대규모 체인점 구매 쪽에서도 두각을 나타냅니다. 은행업, 통조림 제조업, 음식 포장 및 배급업도 많은 게자리들이 흥미로워하는 사업 분야입니다. 그림이나 조각 같은 미술 분야나 디자인과 인테리어 장식, 음악, 박물관, 저술, 회계, 부동산, 아동복, 사회복지, 배우 및 감독, 사진, 조경, 교수, 교사, 은행원, 정유업, 상업, 선적, 정치 등도 모두 전형적인 게자리에게 어울리는 직업입니다. 호텔 경영이나 식당, 극장 관리 및 대부 심사도 게자리의 본성에 어울리는 직업이지요.

여성 직원이라면 어린 아기, 어린이, 남자, 꽃, 따뜻한 사무실, 연애, 요리, 영화, 책, 그리고 돈을 좋아할 것입니다. 남성 직원이라면 어린 아기, 어린이, 여자, 존경, 따뜻한 사무실, 연애, 요리, 영화, 책, 그리고 돈을 좋아합니다. 둘 다 예민하고, 친절을 베풀면 감동하며, 책임감 있고 능력도 매우 뛰어납니다. 물론 둘 다 기분은 잘 변하지요.

해변에 있는 게의 성별을 구별할 수 있나요? 게자리는 남녀 모두 부드럽고 꿈꾸는 듯한 표정을 짓고 있지만 지각 있고 실용적인 사람들입니다. 일할 때 당신이 본의 아니게 사무실을 자주 비워야 하는 처지라면, 게자리 직원이 있어서 참 다행입니다. 게자리 직원은 가게나 사무실 지키는 것을 좋아한답니다.

당신은 끝없는 우주입니다

바빌론까지는 얼마나 멀어요?
60마일하고도 10마일 더 가야지.
촛불만 들고 갈 수 있을까요?
물론이지, 돌아올 수도 있는 걸!
―마더구스 중에서

마더구스의 순백색 깃털을 흔들고 그 이상한 주파수에 채널을 맞추면, 지혜로운 마더구스가 비밀을 보여 줄지도 모릅니다. 언뜻 유치하게 들리는 마더구스의 자장가에는 숨은 보석 같은 지혜가 담겨 있을 것입니다.

바빌론이 얼마나 멀리 있냐고요? 칼레도니아의 샌들 신은 사람들의 시대나 보석을 걸치고 향수를 뿌린 이집트 파라오의 시대에서부터 우주 시대까지는, 혹은 사라진 아틀란티스 대륙 시대에서부터 제트 항공기 시대인 21세기까지는 어마어마한 시간의 흐름이 있다는 것을 알겠습니다. 하지만 실제로 그 시절이 얼마나 멀리 있는 걸까요? 어쩌면 한두 번 꿈을 꾸고 나면 닿을 수 있는 거리인지도 모릅니다.

과학 분야 중에서 유일하게 천문해석학만이 그 오랜 세월 동안 온전하게 이어져 오고 있습니다. 그 세월 동안 변치 않고 우리 곁에 남아 있다는 사실에 놀랄 필요는 없습니다. 천문해석학은 진실이고, 진실은 영원하니까요. 문명이 처음 생길 때부터 마치 모든 여성들과 남성들의 목소리가 메아리치듯이 오늘날 현대에도 똑같은 말이 반복되고 있지요. "금성이 당신의 지배행성인가요?", "저는 황소자리로 태어났어요.", "당신의 수성도 쌍둥이자리인가요?", "그 사람이 물병자리인 걸 모르시겠어요?"

천문해석학은 우리에게 행성 탐험이라는 흥미로운 미래를 마련해 주는 동시에 우리를 아련한 과거와 연결해 주는 황금 끈입니다. 과거에 황당한 미래 사회에 대한 글을 쓰거나 영화를 만들었던 사람들이 사실 몽상가가 아니었음이 증명되고 있습니다. 너무나도 환상적인 영화 〈벅 로저스〉*는 모든 분야의 과학보다 진보한 이야기를 다루었으며, 이 우주에는 우리가 상상하는 것보다 훨씬 많은 것이 존재한다는 사실을 일깨워 주었습니다. 만화책 주인공이었던 딕 트레이시가 사용했던 양방향 손목 무전기는 이제 더 이상 환상이 아니라 현실이 되었지요. 문 메이드**의 가장 강력한 무기는 레이저 광선이라는 기적과 맞아떨어지면서 납을 물처럼 흐르게 하고 인간이 알고 있는 어떤 단단한 물질도 뚫을 수 있게 되었습니다. 쥘 베른Jules Verne과 플래시 고든Flash Gordon 은 상당히 매력적인 예언가로 평가받고 있습니다. 바다 속 심연과 그보다 훨씬 먼 지구 위 하늘에는 중요한 비밀이 숨어 있다는 사실도 이제는 과학으로 밝혀졌지요.

공상과학 작가나 만화가가 연구실에 있는 과학자보다 과거와 현재 그리고 미래 사이의 실제적인 거리감에 대해 더 잘 알고 있는 걸까요? 아인슈타인 박사는 시간

* 벅 로저스(Buck Rogers): 1939년 미국에서 제작된 공상 과학 영화.
** 문 메이드(Moon Maid): 에드거 라이스 버로스의 판타지 소설 『The Moon Maid』의 주인공.

이 상대적이라는 사실을 알아냈습니다. 시인들도 항상 알고 있었고, 과거로부터 전해 내려오는 현자들도 알고 있었습니다. 그 메시지는 새로운 것이 아니었죠. 요즘처럼 천문해석학에 관심이 쏟아지기 훨씬 이전에도 플라톤, 톨레미, 히포크라테스, 그리고 콜럼버스는 천문해석학의 지혜를 존중했고 갈릴레오, 벤 프랭클린, 토머스 제퍼슨, 아이작 뉴턴, 그리고 카를 융 같은 사람들도 천문해석학을 가까이했습니다. 존 퀸시 애덤스 대통령도 그 중 한 명이며 위대한 천문학자 튀코 브라헤, 요하네스 케플러도 추가해야 합니다. RCA* 회사의 천재 연구원 존 넬슨, 그리고 퓰리처 수상에 빛나는 존 오닐 등도 있습니다. 이들 모두 고등교육을 받은 사람들이지요.

1953년 노스웨스턴 대학의 프랑크 브라운 주니어 교수는 굴을 가지고 실험을 하는 과정에서 정말 놀라운 사실을 발견했습니다. 지금까지 과학계에서는 굴이 껍데기를 열고 닫는 주기는 태어난 장소의 조수간만 주기

---

* RCA(Radio Corporation of America): 1932년 설립된 미국의 전자 기업으로 미국 내에 라디오와 텔레비전을 보급했다. 1986년 제너럴 일렉트릭(GE)에 인수되었다.

를 따른다고 추정해 왔습니다. 하지만 브라운 박사가 롱 아일랜드 해협에서 채집한 굴을 일리노이 주의 에반스턴에 있는 연구실 수조에 가져다 놓았을 때 이상한 일이 벌어졌습니다.

굴을 옮겨 놓은 곳은 항상 일정한 온도를 유지하고 늘 희미한 조명을 켜 둔 상태였습니다. 처음 2주 동안 그 옮겨진 굴은 1000마일 떨어져 있는 롱아일랜드 해협의 조수간만에 따라 껍데기를 열고 닫았습니다. 그러다 갑자기 껍데기를 굳게 닫고는 몇 시간 동안 그대로 있었습니다. 굴이 향수병으로 인해 껍데기를 닫아 버렸다고 브라운 박사 연구팀이 결론 내리려고 할 즈음 이상한 일이 생겼습니다. 굴이 다시 껍데기를 연 것입니다. 롱아일랜드 해협 밀물 시간에서 정확하게 4시간 뒤인 에반스턴 밀물 시간에, 마치 해변에 있는 굴처럼 껍데기를 열었습니다. 새로운 주기가 시작되었습니다. 자신의 리듬을 새로운 지리적 위도와 경도에 맞췄습니다. 도대체 어떤 힘이 작용했을까요? 물론 달의 힘이죠. 브라운 박사는 굴의 에너지 주기가 밀물과 썰물을 통제하는 신비한 달의 신호에 의해서 움직인다고 결론 내릴 수밖에 없었습니다.

　이와 마찬가지로 인간의 에너지와 정서적 주기도 여러 행성들로부터 오는 훨씬 더 복잡한 전자기 네트워크에 영향을 받습니다. 과학계에서는 달의 인력으로 인해 바다에서 조수간만의 차가 발생하는 것으로 인식하고 있습니다. 신체의 70퍼센트가 물로 구성되어 있는 인간이 그런 강력한 행성의 인력에 영향을 받지 않을 수 있을까요? 우주 비행사들이 행성에 다가갈 때 느끼는 엄청난 전자기력의 영향은 익히 알려진 사실입니다. 달의 인력은 여성들의 월경 주기나 출산에도 영향을 미친다고 알려져 있고, 정신병원 환자들이 달의 영향을 받는다는 의사와 간호사들의 반복되는 증언도 있습니다. 보름달이 뜨는 날에는 경찰도 힘들어한다는 얘기를 들어 보셨는지요? 농사력에 나오는 조언을 무시하고 지지대를 박거나 돼지를 잡거나 작물을 심는 농부가 있을까요? 달과 행성들의 움직임은 의회에서 논의하는 세금 문제만큼이나 중요한 문제입니다.

　모든 행성 중에서도 달의 인력이 가장 두드러지고 극적인데, 그것은 달이 지구에서 가장 가깝기 때문입니다. 하지만 태양을 비롯해서 금성, 화성, 수성, 목성, 토성, 천왕성, 해왕성, 명왕성도 아주 멀리서 그 영향력을 분명히 행사하고 있습니다. 과학자들은 식물과 동물이 어떤 규칙적인 주기에 영향을 받는다는 사실을 인식하고 있는데, 그 주기는 바로 공기 중에 있는 자장이나 기압의 변동 그리고 중력과 같은 힘에 의해서 결정된다고 합니다. 지구에 영향을 미치는 이러한 힘은 별의 보이지 않는 파장이 날아오는 우주에서부터 비롯됩니다. 달의 변화, 감마선·우주선·엑스선 샤워, 배 모양 전자기 파장의 맥동, 그리고 외계로부터 오는 여타의 영향력들은 우리를 둘러싸고 있는 대기권을 지속적으로 뚫고 쏟아져 내리고 있습니다. 지구상에 있는 어떤 생명체나 광물도 그것을 피할 수 없으며 우리 인간도 마찬가지입니다.

예일대 의대 해부학 박사인 해럴드 버는 복잡한 자기장이 인간의 출생 시에 어떤 패턴을 형성하는 것뿐만 아니라 사는 동안 그 패턴을 통제한다고 언급했습니다. 버 박사는 또한 인간의 중추신경계는 전자기 에너지를 매우 잘 흡수하는, 자연계에서 가장 예민한 기관이라고 말했습니다.(인간은 굴보다 좀 더 멋있게 걷기는 하지만 굴과 똑같은 진동 소리를 듣는다는 말이지요.) 또한 우리 뇌 속에 있는 세포 10만 개는 전기가 흐를 수 있는 무수히 많은 회로를 형성하고 있습니다.

그러므로 우리 몸과 뇌 속에 있는 미네랄과 화학 물질 및 전기적인 세포는 태양의 흑점, 일식 그리고 행성의 움직임에서 발생하는 모든 영향에 반응합니다. 인간도 다른 모든 살아 있는 유기체와 마찬가지로 우주의 끊임없는 밀물과 썰물에 반응합니다. 하지만 인간은 고유의 자유의지가 있기 때문에 그런 외부의 영향력에 구속될 필요는 없습니다. 다시 말해서 우리의 정신은 이러한 행성들의 영향보다 더 우위에 있다는 뜻입니다. 그러나 불행하게도 우리 대부분은 자유의지(정신의 힘이지요.)를 사용하지 못하고 있고, 우리의 운명을 미시건 호수나 옥수수자루만큼이나 제어하지 못하고 있습니다. 천문해석가의 목표는 사람들이 인생의 급류에 그냥 쓸려 다니지 않고 그 흐름에 맞서 싸우는 방법을 얻도록 도와주는 것입니다.

천문해석학은 과학인 동시에 예술입니다. 비록 많은 사람들이 그 기본적인 사실을 무시하고 싶어 하지만 결코 간과할 수 없습니다. 많은 천문해석가들은 사람들이 천문해석학과 관련한 직감만을 언급하는 것에 대해 분노하고 있습니다. 천문해석가들은 직감과의 연관성을 언급하는 말에 대해서 '천문해석학은 수학에 기초한 정확한 과학이다. 절대로 직감력과 동일선상에서 언급되어서는 안 된다.'라고 강력하게 주장합니다. 저는 그들의 의견도 진정성이 있다고 생각하지만, 왜 그 두 가지를 전혀 다른 것으로 구분해야 하는지 계속 의문이 듭니다. 오늘날에는 문외한들도 자신의 초능력을 알아보기 위해서 책이나 게임 또는 연구 실험을 시도하고 있습니다. 천문해석가라고 그러지 말아야 한다는 법은 없습니다. 육감을 가지고 있거나 개발하고 있는 소수의 사람들을 닭이 머리를 모래에 숨기듯 모른 척해야만 할까요?

천문해석학의 출생차트 계산이 수학적 데이터와 천문학적 사실에 근거한다는 점을 고려한다면 천문해석학은 정확한 과학입니다. 의학도 사실과 연구에 기초한 과학입니다. 그럼에도 불구하고 모든 훌륭한 의사들은 의학이 또한 예술이라는 점을 인정하고 있습니다. 의사들은 직감적 진단을 하는 동료들이 있다는 것을 인식하고 있습니다. 내과 의사들은 개인마다 정도의 차이는 있지만 의학적으로 입증 가능한 사실을 해석함에 있어서 그들에게 막대한 도움을 주는 예민하고 특별한 감각이 있다고 말할 것입니다. 의학적 이론을 종합하여 환자의 개인 이력과 관련된 실험 결과를 해석하는 것은 공식처럼 미리 결정되어 있지 않습니다. 의사의 직감적 통찰력이 없이는 불가능한 과정입니다. 그렇지 않다면 의학은 그냥 전산화하면 그만일 것입니다.

음악도 또한 엄격한 수학 법칙이라는 과학적 토대가 있는 분야로, 코드 진행에 대해 공부해 본 사람이라면 누구나 알고 있을 것입니다. 간주곡들은 논쟁의 여지 없이 수학적 비율에 의해 결정됩니다. 하지만 음악 역시 예술이지요. 누구나 〈월광〉이나 〈바르샤바 협주곡〉을 배울 수는 있지만 벤 클리번의 연주가 다른 사람들과 다른 것은 그 감각 또는 직감적 통찰력의 차이일 것입니다. 음표와 화음은 언제나 수학적으로 정확하게 똑같습니다. 하지만 그에 대한 해석이 다른 것이죠. 이것이 바로 과학이라는 단어의 정의와는 전혀 관계가 없는 명확한 현실입니다.

천문해석학을 남에게 가르칠 수 있을 정도로 아주 훌륭하게 공부하는 지적인 사람들도 있지만, 천문해석학이라는 과학을 예술의 경지로 끌어올릴 수 있는 감각적 해석이나 직감적 통찰력을 겸비하는 사람은 많지 않습니다. 물론 정확하고 도움이 될 만한 천문해석학 분석을 제공하기 위해 심령술사나 영매가 될 필요는 없지만, 천문해석가의 직감력은 분명히 출생차트를 종합하고 분석하는 데에 도움을 주는 자산이 됩니다. 물론 그런 직감력이 있는 천문해석가도 기본적으로 수학 계산에 능숙해야 하며 자신의 예술에 있어 과학적인 기본 사항을 엄격히 준수하는 태도가 있어야겠죠. 그런 천문해석가는 의식적인 능력과 무의식적인 능력을 잘 조합하여 사용하기 때문에, 당신은 유능하고 전문적인 천문해석가들을 두려워할 필요가 없습니다. 오히려 그런 사람을 만날 수 있다면 행운이지요. 어떤 분야에서든 예민한 통찰력을 보유한 사람은 드물답니다.

요즘에는 전문해석학의 인기가 높아지면서 갑자기 돌팔이 천문해석가들이 많이 나타났지만, 정말로 필요한 제대로 된 천문해석가와 스승은 많지 않습니다. 가까운 미래에는 천문해석가가 유수의 대학에서 '별의 과학'을 전공한 전문가로 인식될 날이 올 것입니다. 행성들이 인간의 행동에 미치는 영향에 대한 중요한 연구는, 옛날 유럽에서 그랬던 것처럼 주요 대학에서 교과목으로 가르치게 될 것입니다. 천문해석학을 가르치고 연구할 수 있는 능력이나 개인차트를 분석할 수 있는 능력이 출생차트에 나타나는 학생들만 받게 될 것이며 그 과정은 법대나 의대만큼이나 어려울 것입니다. 자기장, 기후 조건, 생물학, 화학, 지질학, 천문학, 수학, 사회학, 비교종교학, 철학, 심리학도 공부해야 하고 천문 차트를 계산하는 방법과 해석하는 방법도 공부해야 하며 졸업생들은 천문해석가(D.A.S: Doctor of Astral Science)라는 자격을 부여받아야 간판을 걸 수 있을 것입니다.

현재의 연구 단계에서 초보자들이 천문해석학에 가장 안전하고 타당하게 접근할 수 있는 방법은 열두 개 태양별자리에 대해 완벽하게 공부하는 것이며, 이것은 마치 응급조치나 건강 상식을 공부해서 의학이론에 익숙해지는 것과 마찬가지입니다.

언젠가 인류는 천문해석학, 의학, 종교, 천체물리

학, 정신과학이 모두 하나라는 사실을 발견할 것입니다. 그 모든 것이 합쳐져야 비로소 완벽한 전체를 이루게 됩니다. 그때까지 각 분야는 조금씩의 결함을 가지고 있을 것입니다.

천문해석학에는 서로의 의견이 충돌하는 혼란스러운 부분이 있습니다. 바로 환생에 대한 의견입니다. 오늘날에는 누구나 긍정적이든 부정적이든 윤회설에 대한 의견이 있을 것입니다. 물병자리 시대로 들어가는 20세기에는 여기저기에서 점괘판이나 잔 딕슨*에 대한 이야기를 듣게 됩니다.

전문적인 천문해석가들은 윤회설 또는 카르마를 바탕에 깔고 해석하지 않으면 천문해석학은 불완전한 것이라고 믿고 있고, 저 또한 그렇습니다. 윤회설을 강하게 부인하는 사람들이, 특히 천문해석학이 상대적으로 낯선 서양에 많이 있습니다. 천문해석학을 활용하기 위해서 반드시 환생 이론을 받아들여야 하는 것은 아닙니다. 또한 전생 혼의 존재는, 아무리 논리적으로 실명하

---

* 잔 딕슨(Jeanne Dixon, 1904~1997): 미국의 유명한 점성가이자 심령술사.

더라도 과학적으로 규명된 적이 한 번도 없습니다.(문서로 남긴 설득력 있는 정황 증거와 성경이 있기는 합니다.) 환생은 그 특성상 확실하게 손에 잡히는 증거를 영원히 확인할 수 없을지도 모릅니다. 고대인은 진화한 영혼이 끊임없이 다시 태어나는 환생 주기를 끝내려면 카르마의 진실을 추구하는 단계에 도달해야만 한다고 가르쳤습니다. 그러므로 환생을 믿는 것은, 우주에서 환생이 존재하고 있다는 것과 현생의 삶에서 그 카르마가 말하는 의무가 어떤 의미인지 찾을 수 있는 진화한 영혼에게는 선물이자 보상입니다. 그 깊은 신비가 증명되면 개개인이 스스로의 의지로 그것을 발견하기 위해 애쓸 필요가 없어지기 때문에, 영원히 증명되지 않고 각자 자신의 마음속에서 환생에 대한 답을 찾아야 하는지도 모릅니다. 하지만 스스로 찾기 위해서는, 다른 사람들이 무엇이 거짓이고 무엇이 참인지 발견해 놓은 지식을 배워야만 할 것입니다. 놀라운 예언가인 에드거 케이시에 대한 책이 호기심 많은 초심자들의 이해를 도울 만하고, 환생에 대해서는 훌륭한 책들이 많이 나와 있으니, 몇 권 골라서 본다면 여러분이 스스로 환생이 고려할 만한 가치가 있는 주제인지 아니면 단순한 사술인지 생각을 정리하는 데에 도움이 될 것입니다. 이것이 우리가 직접 찬반양론을 철저하게 조사하고 삶과 죽음에 대한 문제에 접근하는 유일한 방법일 것입니다.

현대에는 보이지 않는 영향력에 대한 관심이 새롭게 일어나고 있으며, 독심술에 대한 관심이 그 좋은 예라고 할 수 있습니다. 미국항공우주국에서는 지구와 우주 비행사 사이의 통신이 두절되는 상황에 대비하기 위해 막대한 자금을 투자하여 선별된 우주 비행사들을 대상으로 감각적 인식을 통해 메시지를 전달할 수 있는지 확인하는 초감각적 지각 실험을 진행하고 있습니다. 이런 연구 분야에서 러시아가 미국보다 훨씬 앞서 있는 것으로 전해지는데, 이것을 보면 독단적이고 물질주의적인 사고를 배제해야 하는 이유를 알 수 있습니다.

사람들 사이의 이런 보이지 않는 파장에 대한 성공적인 실험결과 덕분에 의사들도 관심을 가지게 되었습니다. 의학계는 암이나 패혈증, 인두염과 같은 질병이 정신적·감정적 긴장으로 유발된다는 사실을 오래 전부터 인정해 왔으며, 오늘날에는 환자의 성향이 암의 진전과 분명한 관계가 있다는 이론을 확립하고 있습니다. 최근 기사에서는 저명한 의사들이 정신과 의사들과의 협력을 통해 어떤 환자가 질병에 예민한지 사전에 확인해서 질병을 조기에 치료하거나 예방할 수 있도록 해야 한다는 주장이 나왔습니다. 하지만 천문해석학에서는 질병이 정신과 감정에 의해 발생하며 그러므로 정신과 감정을 통해 통제하거나 제거할 수 있다는 것을 오래 전부터 인지해 왔습니다. 또한 특정 행성의 영향을 받는 순간에 태어난 사람은 특정 질병이나 사고에 노출될 확률이 높거나 또는 반대로 면역성을 가지고 있다는 사실 또한 알고 있었습니다. 환자의 출생차트 상에 행성들의 위치와 각도를 보면 의학에서 찾는 지식을 잘 알 수 있답니다.

고고학과 인류학에서 발견한 내용에 의하면 고대 이집트에서는 천문해석가이자 의사인 사람들이 고도의 기술로 뇌수술을 했던 것으로 밝혀졌습니다. 오늘날에도 진보적인 의사들은 고대 그리스 의사들이 했던 방법을 따라 달이 이동하는 별자리를 남몰래 체크하기도 합니다. 고대 의사들은 히포크라테스 계율에 따라 '달별자리에 해당하는 신체 부위나 달이 90도 혹은 180도를 맺는 신체 부위에는 칼을 대지 않는다.'라는 내용을 실천했습니다. 의학적인 천문해석학과 그 가치에 대해서는 질병의 원인과 예방 차원에서 논의해야 할 부분이 많고 또한 워낙 방대한 주제이므로 별도의 책에서 다루어야 할 것입니다.

의학계뿐만 아니라 일부 여행사나 보험 회사, 항공사에서도 치명적인 항공기 충돌 사고가 탑승객과 승무원의 출생차트와 관계있는지 은밀하게 조사하고 있습니다. 우리는 고대의 지식으로부터 물질적 사고 방식으로 후퇴했다가 많은 시간이 흘러 다시 진실로 나아가고 있습니다. 세월이 흐르면서 행성들은 그 장엄하고 확고한 궤도를 변함없이 유지하고 있습니다. 고대 바빌론의 하늘과 베들레헴의 하늘에서 빛나던 별들은 지금도 엠파이어스테이트 빌딩 위에서 또는 동네 뒷산 하늘 위에서 여전히 빛나고 있습니다. 그 별들은 수학적으로 정확한 주기를 가지고 있고, 여전히 인간을 포함한 이 지구 위에 있는 모든 생명체에 영향을 미치고 있으며, 지구가 존재하는 동안에는 앞으로도 변함없이 그럴 것입니다.

천문해석학은 운명론이 아니라는 점을 항상 기억해 주시기 바랍니다. 별은 어떤 경향을 부여할 뿐 강요하지는 않습니다. 우리 대부분은 행성과 출생차트의 영향뿐만 아니라 주변 환경과 물려받은 유전적인 환경에도 맹목적으로 순종해야 하고 이러한 환경의 힘이 우리보다 더 강력하다고 생각하는 경향이 있습니다. 우리가 이런 모든 요소들에 대해 통찰력이 없기 때문에 저항도 하지 않는 것이죠. 그럴 때, 우리의 별자리는 마치 지문처럼 우리에게 맞아떨어집니다. 우리는 우리를 움직이는 그 힘을 경멸하든 무시하든 간에 인생이라는 체스 게임에서 말처럼 움직여집니다. 하지만 누구든 태어날 때의 환경상의 어려움은 극복할 수 있습니다. 우리의 의지력이나 정신력을 이용하여 누구든 자신의 기분을 조절하고 인성을 변화시키고 자신의 환경과 태도를 제어할 수 있습니다. 이렇게 할 수 있을 때 우리는 비로소 체스판의 말이 아니라 그 말을 움직이는 주체가 됩니다.

당신은 "나는 태어날 때부터 그런 힘이나 능력이 없어."라고 말하면서 별을 따르는 것을 주저하시는지요?

당신은 보이지도 들리지도 말하지도 못하는 자신을 극복하기 위해 심원한 내면의 의지력을 발휘했던 헬렌 켈러보다 더 많은 것을 가지고 태어났습니다. 헬렌 켈러는 자신의 출생차트 상의 어려운 요소들을 명예, 부, 존경 그리고 수많은 사람들에 대한 사랑으로 바꾸었으며, 그렇게 행성들의 영향력을 극복했습니다.

두려움 때문에 내일을 바라보지 못하시나요? 무지개에 닿기도 전에 우울함과 비관주의가 당신의 무지개를 회색빛으로 물들이나요? 미국 영화배우였던 퍼트리샤 닐은 우울함과 불안함을 강철 같은 정신력으로 탈바꿈시켰습니다. 그녀는 비극 앞에서도 미소를 보였고 그 미소는 치명적인 마비 증상까지도 날려 버릴 만큼 충분한 감정적인 에너지를 발산해서 의사들도 깜짝 놀라게 만들었지요.

신문 지상에서 떠들어 대는 것처럼 미국이 냉전 시대, 국민적 혹은 국제적 몰이해, 범죄율 증가, 불평등, 편견, 도덕적 해이, 윤리 상실, 그리고 어쩌면 핵폭발로 곧 사라질 위기에 처해 있다고 걱정하고 계시나요? 윈스턴 처칠도 개인적으로 그리고 국가적으로 패배에 직면한

적이 있었죠. 하지만 그는 눈을 반짝거리면서 강철 같은 의지를 품고 마음속으로 기도를 했습니다. 이 세 가지로 그는 한 사람의 용기가 수많은 사람들에게 맹목적인 낙관주의와 굳건한 힘을 일깨워 주는 기적을 일구어 냈습니다. 결과적으로 그런 파장은 공포를 녹여 버리고 세상에 영감을 주었으며 승리를 이끌어 냈습니다. 처칠은 자신과 자신의 국가가 체스판의 말이 되기를 거부하였던 것입니다.

그런 사람들은 특별한 경우라고 생각하시나요? 당신도 기적을 만들어 낼 수 있습니다. 누구나 할 수 있습니다. 당신에게도 강력한 행성들의 전자기력에 대한 면역력을 기를 수 있는 충분한 힘이 있습니다. 그럼에도 불구하고 너무 쉽게 포기해 버리고 당신의 잠재력을 깨닫지 못한다면 정말 안타까운 일이지요.

증오와 두려움을 정복하고 나면 우리의 의지는 자유로워지고 엄청난 힘을 발휘할 수 있게 됩니다. 이것이 바로 말 없는 별들에 담겨 있는 당신 출생의 메시지입니다. 그러니 귀를 기울여 보세요.

어떤 고대 전설에서는 힘과 주술적 비밀을 알고 싶

어서 현명한 마술사를 찾아가는 남자의 이야기가 있습니다. 마술사는 그를 맑은 호숫가로 데리고 가서 무릎을 꿇게 했지요. 그러자 그 현명한 마술사는 사라져 버리고 혼자 남겨진 그 남자는 물 속에 비친 자기 모습을 보게 되었습니다.

"내가 하는 것을 그대도 할 수 있다.", "구하라, 그러면 얻을 것이다.", "두드려라, 그러면 열릴 것이다.", "진실을 추구하라, 진실이 너희를 자유롭게 하리라."

바빌론까지는 얼마나 멀어요?
60마일하고도 10마일 더 가야지.
촛불만 들고 갈 수 있을까요?
물론이지, 돌아올 수도 있는 걸!

이것은 시일까요 아니면 수수께끼일까요? 이 우주 속에 있는 모든 것은 우주 법칙의 일부이며 천문해석학은 그 법칙의 기본입니다. 천문해석학에서 종교와 의학, 천문학이 생겨난 것이지 그 반대가 아닙니다.
고대 그리스의 도시였던 테베에는 열두 별자리가

조각되어 있는데 아주 오래된 것이라 정확한 기원은 알 수 없습니다. 아틀란티스일지도 모릅니다. 하지만 그 상징들을 어디서 가져왔고 누가 새겼든 간에 그 메시지는 영원합니다. '당신은 끝없는 우주입니다.' 그리고 아직까지 하나의 별밖에 보지 못했답니다.